Learn Polish with Beginner Stories: The Story Tree

HypLern Interlinear Project
www.hyplern.com

First edition: 2025, September

Author: Various
Translation: Kees van den End
Foreword: Camilo Andrés Bonilla Carvajal PhD

ISBN: 978-1-988830-95-7

kees@hyplern.com
www.hyplern.com

Learn Polish with Beginner Stories: The Story Tree

Interlinear Polish to English

Author
Various

Translation
Kees van den End

HypLern Interlinear Project
www.hyplern.com

The HypLern Method

Learning a foreign language should not mean leafing through page after page in a bilingual dictionary until one's fingertips begin to hurt. Quite the contrary, through everyday language use, friendly reading, and direct exposure to the language we can get well on our way towards mastery of the vocabulary and grammar needed to read native texts. In this manner, learners can be successful in the foreign language without too much study of grammar paradigms or rules. Indeed, Seneca expresses in his sixth epistle that "Longum iter est per praecepta, breve et efficax per exempla[1]."

The HypLern series constitutes an effort to provide a highly effective tool for experiential foreign language learning. Those who are genuinely interested in utilizing original literary works to learn a foreign language do not have to use conventional graded texts or adapted versions for novice readers. The former only distort the actual essence of literary works, while the latter are highly reduced in vocabulary and relevant content. This collection aims to bring the lively experience of reading stories as directly told by their very authors to foreign language learners.

Most excited adult language learners will at some point seek their teachers' guidance on the process of learning to read in the foreign language rather than seeking out external opinions. However, both teachers and learners lack a general reading technique or strategy. Oftentimes, students undertake the reading task equipped with nothing more than a bilingual dictionary, a grammar book, and lots of courage. These efforts often end in frustration as the student builds mis-constructed nonsensical sentences after many hours spent on an aimless translation drill.

Consequently, we have decided to develop this series of interlinear translations intended to afford a comprehensive edition of unabridged texts. These texts are presented as they were originally written with no changes in word choice or order. As a result, we have a translated piece conveying the true meaning under every word from the original work. Our readers receive then two books in just one volume: the original version and its translation.

The reading task is no longer a laborious exercise of patiently decoding unclear and seemingly complex paragraphs. What's more, reading becomes an enjoyable and meaningful process of cultural, philosophical and linguistic learning. Independent learners can then acquire expressions and vocabulary while understanding pragmatic and socio-cultural dimensions of the target language by reading in it rather than reading about it.

Our proposal, however, does not claim to be a novelty. Interlinear translation is as old as the Spanish tongue, e.g. "glosses of [Saint] Emilianus", interlinear bibles in Old German, and of course James Hamilton's work in the 1800s. About the latter, we remind the readers, that as a revolutionary freethinker he promoted the publication of Greco-Roman classic works and further pieces in diverse languages. His effort, such as ours, sought to lighten the exhausting task of looking words up in large glossaries as an educational practice: "if there is any thing which fills reflecting men with melancholy and regret, it is the waste of mortal time, parental money, and puerile happiness, in the present method of pursuing Latin and Greek[2]".

Additionally, another influential figure in the same line of thought as Hamilton was John Locke. Locke was also the philosopher and translator of the Fabulae AEsopi in an interlinear plan. In 1600, he was already suggesting that interlinear texts, everyday communication, and use of the target language could be the most appropriate ways to achieve language learning:

> ...the true and genuine Way, and that which I would propose, not only as the easiest and best, wherein a Child might, without pains or Chiding, get a Language which others are wont to be whipt for at School six or seven Years together...[3]

---

1 "The journey is long through precepts, but brief and effective through examples". Seneca, Lucius Annaeus. (1961) Ad Lucilium Epistulae Morales, vol. I. London: W. Heinemann.

2 In: Hamilton, James (1829?) History, principles, practice and results of the Hamiltonian system, with answers to the Edinburgh and Westminster reviews; A lecture delivered at Liverpool; and instructions for the use of the books published on the system. Londres: W. Aylott and Co., 8, Pater Noster Row. p. 29.

3 In: Locke, John. (1693) Some thoughts concerning education. Londres: A. and J. Churchill. pp. 196-7.

Who can benefit from this edition?

We identify three kinds of readers, namely, those who take this work as a search tool, those who want to learn a language by reading authentic materials, and those attempting to read writers in their original language. The HypLern collection constitutes a very effective instrument for all of them.

1. For the first target audience, this edition represents a search tool to connect their mother tongue with that of the writer's. Therefore, they have the opportunity to read over an original literary work in an enriching and certain manner.
2. For the second group, reading every word or idiomatic expression in its actual context of use will yield a strong association between the form, the collocation, and the context. This will have a direct impact on long term learning of passive vocabulary, gradually building genuine reading ability in the original language. This book is an ideal companion not only to independent learners but also to those who take lessons with a teacher. At the same time, the continuous feeling of achievement produced during the process of reading original authors both stimulates and empowers the learner to study[1].
3. Finally, the third kind of reader will notice the same benefits as the previous ones. The proximity of a word and its translation in our interlinear texts is a step further from other collections, such as the Loeb Classical Library. Although their works might be considered the most famous in this genre, the presentation of texts on opposite pages hinders the immediate link between words and their semantic equivalence in our native tongue (or one we have a strong mastery of).

---

1 Some further ways of using the present work include:

1. As you progress through the stories, focus less on the lower line (the English translation). Instead, try to read through the upper line, staying in the foreign language as long as possible.
2. Even if you find glosses or explanatory footnotes about the mechanics of the language, you should make your own hypotheses on word formation and syntactical functions in a sentence. Feel confident about inferring your own language rules and test them progressively. You can also take notes concerning those idiomatic expressions or special language usage that calls your attention for later study.
3. As soon as you finish each text, check the reading in the original version (with no interlinear or parallel translation). This will fulfil the main goal of this

collection: bridging the gap between readers and original literary works, training them to read directly and independently.

Why interlinear?

Conventionally speaking, tiresome reading in tricky and exhausting circumstances has been the common definition of learning by texts. This collection offers a friendly reading format where the language is not a stumbling block anymore. Contrastively, our collection presents a language as a vehicle through which readers can attain and understand their authors' written ideas.

While learning to read, most people are urged to use the dictionary and distinguish words from multiple entries. We help readers skip this step by providing the proper translation based on the surrounding context. In so doing, readers have the chance to invest energy and time in understanding the text and learning vocabulary; they read quickly and easily like a skilled horseman cantering through a book.

Thereby we stress the fact that our proposal is not new at all. Others have tried the same before, coming up with evident and substantial outcomes. Certainly, we are not pioneers in designing interlinear texts. Nonetheless, we are nowadays the only, and doubtless, the best, in providing you with interlinear foreign language texts.

Handling instructions

Using this book is very easy. Each text should be read at least three times in order to explore the whole potential of the method. The first phase is devoted to comparing words in the foreign language to those in the mother tongue. This is to say, the upper line is contrasted to the lower line as the following example shows:

Nikt	dokładnie	nie	wie	ile	miał	lat.
Nobody	exactly	not	knows	how many	(he) had	years

The second phase of reading focuses on capturing the meaning and sense of the original text. As readers gain practice with the method, they should be able to focus on the target language without getting distracted by the translation. New users of the method, however, may find it helpful to cover the translated lines with a piece of paper as illustrated in the image below. Subsequently, they try to understand the meaning of every word, phrase, and entire sentences in the target language itself, drawing on the translation only when necessary. In this phase, the reader should resist the temptation to look at the translation for every word. In doing so, they will find that they are able to understand a good portion of the text by reading directly in the target language, without the crutch of the translation. This is the skill we are looking to train: the ability to read and understand native materials and enjoy them as native speakers do, that being, directly in the original language.

Nikt	dokładnie	nie	wie	ile	miał	lat.
Nobody	exactly					

In the final phase, readers will be able to understand the meaning of the text when reading it without additional help. There may be some less common words and phrases which have not cemented themselves yet in the reader's brain, but the majority of the story should not pose any problems. If desired, the reader can use an SRS or some other memorization method to learning these straggling words.

Nikt dokładnie nie wie ile miał lat.

Above all, readers will not have to look every word up in a dictionary to read a text in the foreign language. This otherwise wasted time will be spent concentrating on their principal interest. These new readers will tackle authentic texts while learning their vocabulary and expressions to use in further communicative (written or oral) situations. This book is just one work from an overall series with the same purpose. It really helps those who are afraid of having "poor vocabulary" to feel confident about reading directly in the language. To all of them and to all of you, welcome to the amazing experience of living a foreign language!

Additional tools

Check out shop.hyplern.com or contact us at info@hyplern.com for free mp3s (if available) and free empty (untranslated) versions of the eBooks that we have on offer.

For some of the older eBooks and paperbacks we have Windows, iOS and Android apps available that, next to the interlinear format, allow for a pop-up format, where hovering over a word or clicking on it gives you its meaning. The apps also have any mp3s, if available, and integrated vocabulary practice.

Visit the site hyplern.com for the same functionality online. This is where we will be working non-stop to make all our material available in multiple formats, including audio where available, and vocabulary practice.

Table of Contents

OPOWIEŚCI STAREGO DĘBU

OPOWIEŚCI	STAREGO	DĘBU
Stories	(of the) old	Oak

W	wielkim	lesie,	na	jednej	z	niezliczonych	polan,
In	(a) great	forest	on	one	of	countless	clearings

rósł	stary	dąb.
grew	(an) old	oak

Nikt	dokładnie	nie	wie	ile	miał	lat.
Nobody	exactly	not	knows	how many	(he) had	years

Szumiał	swoimi	liśćmi	rozwieszonymi	na
(He) rustled	(with) his	leaves	hanging	on (from)

potężnych	gałęziach	a	gdy	ktoś	usnął	w
powerful (strong)	branches	and	when	someone	fell asleep	in

jego	cieniu	–	opowiadał	mu	bajki.
his	shadow		(he) told	him	fairy tales

Jedne	z	czasów,	gdy	był	jeszcze	małym
Some	from	times	when	(he) was	still	(a) small

drzewkiem, inne z całego swojego długiego
little tree others from whole his long

życia.
life

Kiedyś i ja zasnąłem pod jego konarami a on
Once also I fell asleep under his branches and he

opowiadał, opowiadał, opowiadał...
talked talked talked

OPOWIEŚĆ PIERWSZA

OPOWIEŚĆ PIERWSZA
Story First

Zajączek Niuchuś był najbardziej wojowniczym
Bunny No-eared was (the) most belligerent

zajączkiem na całej polanie. Kłócił się
bunny on (the) whole field (He) argued -himself-

ze swoimi braćmi i siostrami, często
with his brothers and sisters often

doprowadzając do bijatyk. Jednemu naderwał ucho,
leading to fighting (The) one (he) tore (an) eye

drugiemu ugryzł łapkę. Nic zatem dziwnego, że
(the) other bit off (an) ear No therefore wonder that

nie lubiły go zajączki.
not (they) liked him (the) bunnies

"Idż do lasu mierzyć się z innymi. My
Go to (the) forest to measure yourself with others We

nie lubimy się bić," mówiły mu.
not like ourselves to fight (they) told him

"Jasne, że pójdę! Z takimi tchórzami dłużej nie
Clear (Sure) that (I) will go With such cowards longer not

wytrzymam," odgryzał się Niuchuś i któregoś
(I) stand out bit off (spat out) himself No-eared and some

dnia naprawdę poszedł do lasu.
day really (he) went to (the) forest

"Pójdę, jasne że pójdę," mruczał do siebie,
(I) will go clear that (I) will go (he) muttered to himself

"Kogo miałbym się bać? Nie mam zamiaru
Who would (I) have myself to fear Not (I) have (the) intention

do końca życia biegać wkoło dębu na naszej
to (until the) end (of) life run around (the) oak on our

polanie."
field

Kicał	przed	siebie	to	tu,	to	tam	skubiąc
(He) hopped	by	himself	then	here	then	there	nibbling

liście	mleczu,	aż	spotkał	jeżyka.
(on the) leaves	(of) dandelions	until	(he) met	(a) hedgehog

"Dokąd	idziesz	jeżyku?"	zapytał.
Where	(you) go	hedgehog	(he) asked
	(are you going)		

"Idę	do	domu.	A	ty?"
(I) go	to	house	And	you

"Idę	do	lasu,	bo	się	nikogo	nie	boję."
(I) go	to	(the) forest	because	myself	no one	not	(I) fear

"Ale	po	co	idziesz	do	tego	lasu?"
But	for	what	(you) go	to	this	forest
			(are you going)			

"Idę	i	już.	A	ty	jak	się	boisz	to
(I) go	also	already	And	you	as	-yourself-	(you) fear	then
							(you are scared)	

idź	do	domu."
(you) go	to	house

"Ja	też	się	nikogo	nie	boję,"	odparł	jeżyk,
I	also	myself	no one	not	fear	replied	(the) hedgehog

"ale po co mam chodzić po całym lesie?"
but for what (I) have to go through (the) whole forest

"Nikogo się nie boisz? Ani wilka, ani lisa?"
No one yourself not (you) fear Neither wolf nor fox

nie mógł uwierzyć zajączek, bo choć był
not could believe (the) bunny because although (he) was

bardzo zadziorny, wilka i lisa się jednak
very fierce (the) wolf and (the) fox himself however

bał.
(he) feared

"Ani wilka, ani lisa," odparł jeżyk.
Neither wolf nor fox replied (the) hedgehog

"Ty kłamczuchu!" krzyknął zajączek, "Jak ci
You liar shouted (the) bunny If you

dołożę to będziesz się bał nawet
(I) will lay into then (you) will be -yourself- scared even
(I will give a hiding)

mnie!"
(for) me

Z rozmachem uderzył jeżyka, ale ten

With flourish (he) attacked (the) hedgehog but that (one)

zdążył się zwinąć w kłębek i Niuchuś tylko

managed himself to curl up in (a) ball and No-ears only

boleśnie pokłuł się igiełkami.

painfully poked himself with needles

"Ty tchórzu! Nawet nie umiesz się bić!"

You coward Even not (you) can -yourself- fight

zapłakał zajączek ssąc obolałą łapę.

cried (the) bunny sucking (his) sore paw

"Nie umiem i nie chcę," odparł jeżyk, "Ale

Not (I) can and not (I) want replied (the) hedgehog But

właśnie dlatego, że mam kolce nie boję się

just for-this (because) that (I) have spikes not (I) fear -myself-

nikogo."

no one

Zajączek odburknął coś pod nosem i

(The) bunny muttered something under (the) nose (his breath) and

ruszył dalej.
moved on

"Dokąd idziesz?" zapytały go wiewiórki.
To-where (you) go asked him (the) squirrels
(are you going)

"A co was to obchodzi?!" niegrzecznie
And what you this cares rudely

odpowiedział zajączek nawet się nie oglądając.
answered (the) bunny even -himself- not looking

Powoli zapadał mrok, a on ciągle szedł przed
Slowly fell (the) dark and he continually walked by

siebie. Wreszcie zmęczony przycupnął pod pniem
himself Finally tired (he) squatted under (the) trunk

drzewa. Przelatywała tamtędy sowa i
(of a) tree (There) flew by there-this-way (an) owl and

zobaczywszy go spytała:
seeing him said

"Co robisz sam w lesie zajączku? Może cię
What do (you) alone in (the) forest little rabbit Maybe you

tu złapać lis albo wilk."
here to catch (will catch) (a) fox or (a) wolf

"Co cię to obchodzi mądralo?! Nie wtrącaj się
What you this bother smartass Not interfere yourself

do cudzych spraw!"
to others' affairs

Sowa pokręciła głową nad niegrzecznym
(The) owl shook (the) head over (the) rude

zajączkiem i pofrunęła dalej.
little rabbit and flew on

Tymczasem zapadła noc i zajączek zaczął
Meanwhile fell (the) night and (the) bunny began

już żałować, że opuścił łąkę.
already to regret that (he) left (the) meadow

"Ciemno tu i zimno," mruczał do siebie, "U
Dark here and cold (he) muttered to himself At

nas w norce braciszkowie już pewnie śpią
us in (the) warren (the) brothers already surely sleep

przytuleni do siebie. To chodzenie po
hugging -to- each other This walking around

lesie wcale nie jest takie ciekawe."
(the) forest at all not is so interesting

Chciał wrócić do domu, ale nie wiedział w
(He) wanted to return to home but not knew in

którą stronę iść. Błąkał się tak szukając
which direction to go (He) wandered himself so looking for

drogi, aż dojrzał go lis i porwał do swojej
(the) way until spotted him (a) fox and carried to his

nory.
den

"Ależ będę miał smaczne śniadanie," myślał
But (I) will be had (a) tasty breakfast thought

zadowolony, "Taki tłuściutki zajączek to rzadki
(he) happily Such (a) fat bunny this (is) (a) rare

przysmak."
delicacy

Rano jeżyk przechodził niedaleko
(In the) morning (the) hedgehog passed not far from

lisiej nory i usłyszał płacz Niuchusia.
(the) fox's den and heard (the) crying (of) Niuchus

"Oddaj lisie zająćzka!" krzyknął, "Bo pokłuję
Give away fox (the) bunny (he) shouted Because (I) will punish
(Hand over)

cię kolcami!"
you (with) spikes

Ale lis tylko się roześmiał i wyniósł
But (the) fox only himself laughed and carried out

zajączka drugim wyjściem by go gdzieś
(the) bunny (the) other exit for him somewhere

spokojnie zjeść.
quietly to eat

"Oddaj lisie zajączka!" krzyknęły wiewiórki, gdy
Give away fox (the) bunny shouted (the) squirrels when
(Hand over)

go zobaczyły, "Bo obrzucimy cię szyszkami!"
him (they) saw Because (we) will throw you (with) cones

Lis pędził jednak dalej.
(The) fox ran however on

Jeżyk i wiewiórki spotkali się u
(The) hedgehog and (the) squirrels met -themselves- at

sowy.
(the) owl

"Ratuj sowo zajączka! My próbowaliśmy, lecz lis
Save owl (the) bunny We tried but (the) fox

się nas nie boi!"
himself us not fears

"Mnie również lis się nie zlęknie," odparła
Me also (the) fox himself not will fear replied

sowa, "Ale mam pewien pomysł."
(the) owl But (I) have an idea

Poleciała sowa do wilka i tak mu mówi:
Flew (the) owl to (the) wolf and so him says

"Ty tu sobie siedzisz bez śniadania, a
You here by yourself sit without breakfast but

lis	szykuje	sobie	smacznego	zajączka.
(the) fox	is preparing	for himself	(a) tasty	bunny

Pewnie	zaraz	zacznie	go	jeść."
Surely	soon	(he) will start	him	to eat

"Gdzie	on	jest,	ten	rudy	złodziej?!"	zawył
Where	he	is	this	ruddy (red-haired)	thief	bellowed

wilk,	bo	faktycznie	był	głodny.	Sowa
(the) wolf	because	in fact	(he) was	hungry	(The) owl

zaprowadziła	go	na	polanę,	gdzie	lis	właśnie
took	him	to	(a) clearing	where	(the) fox	just

szykował	się	do	śniadania.
prepared	himself	for	breakfast

"Cóż	to	kumie?"	spytał	wilk,	"Masz
What is	this	chum	asked	(the) wolf	(You) have

zamiar	sam	zjeść	takiego	tłustego	zajączka?
(the) intention	alone	to eat	such	(a) fat	bunny

Nie	poczęstujesz	mnie?"
Not	(you) will favor	me

"Ani mi się śni," odparł lis, "Zajączek jest
Neither me myself dreaming replied (the) fox (The) bunny is

za mały, by starczył dla dwóch."
too small for to be enough for two

"Masz rację, dlatego ci go zabiorę."
(You) have right for-this you him (I) will take away

"Spróbuj tylko! To ja go znalazłem!"
Try only Then I him found

"Ale będzie mój!"
But (it) will be mine

I lis z wilkiem zaczęli się bić o
And (the) fox with (the) wolf started themselves to fight about

zajączka. Tymczasem sowa uwolniła zajączka i
(the) bunny Meanwhile (the) owl freed (the) bunny and

szepnęła;
whispered

"Biegnij szybko za mną!"
Run quickly after me

W ten sposób zajączek został uratowany. Było
In this manner (the) bunny became saved Was

mu bardzo wstyd, że zachowywał się
(to) him very shaming that (he) behaved himself

niegrzecznie wobec zwierząt, które nie wahały
rudely towards animals who not hesitated

się narażać własne życie aby go ocalić.
themselves to risk (their) own lives for him to save

Od tamtej pory zmienił się nie do poznania:
From that time changed himself not to recognition

sąsiedzi bardzo go lubią, umie się również
neighbors very much him liked (he) can himself also

bawić z kolegami. A jeśli wybiera się do
play with friends And if (he) chooses himself to

lasu to tylko po to, by odwiedzić swoich
(the) forest this (is) only for this for to visit his

nowych przyjaciół: jeżyka, wiewiórki i sowę.
new friends hedgehog squirrels and owl

OPOWIEŚĆ DRUGA

OPOWIEŚĆ	DRUGA
Story	Two

"Jeszcze	jeden	grzybek.	Będzie	stosik
Still	one (more)	mushroom	(There) will be	(a) pile

grzybków	na	zimę,"	mamrotał	do	siebie
(of) mushrooms	for	(the) winter	murmured	to	himself

jeżyk	przechodząc	obok	dębu.
(the) hedgehog	walking	by	(the) oak

"Można	by	tu	odpocząć,"	powiedział	zatrzymując
(It's) possible	for	here	to rest	(he) said	stopping

się	w	cieniu,	"Jabłuszka	już	mam,	grzybki
himself	in	(the) shade	Apples	already	(I) have	mushrooms

też.	Gdyby	jeszcze	złapać	jakąś	myszkę,
also	When (I) would	still	catch	some	mouse

mógłbym już spokojnie czekać na zimę."
(I) could be already quietly wait for (the) winter

Ułożył się wygodnie i usnął.
(He) laid himself comfortably and fell asleep

Myszka Małgorzata miała dziesięcioro dzieci, toteż
Myszka Malgorzata had ten children this-also (so it is)

nic dziwnego, że całe dnie spędzała na
no wonder that (the) whole day (she) spend at

znoszeniu dla nich jedzenia. Dzieci czekając na
collecting for them food Children waiting for

mamę bardzo się nudziły i wymyślały
mommy very much themselves bored and thought up

różne psoty. Lecz najmniejszej myszki nie bawiły
various mischiefs But (the) smallest mouse not enjoyed

zabawy z siostrzyczkami. Często wychodziła z
to play with (the) sisters Often (she) went out from

norki na spacer.
(the) nest for (a) walk

Właśnie zdążyła wyjść, gdy tuż przed
Just (she) managed to go out when almost by

norką zobaczyła śpiącego jeża.
(the) nest (she) saw (a) sleeping hedgehog

"Co to jest? Takie nastroszone z grzybami na
What this is So bristly with mushrooms on

grzbiecie?" pomyślała i zbliżywszy się dotknęła
(the) back (she) thought and approached herself touched

kolców, "Aj!" Krzyknęła pokłuwszy się.
(the) spikes Ai (She) shouted poking herself

Jeż się zbudził i złapał ją.
Already himself (he) woke up and caught her

"Co ty tu sama robisz?" spytał.
What you here alone do (he) asked

"Wyszłam na spacer," pisnęła myszka.
(I) went out for (a) walk piped (the) mouse

"A daleko mieszkasz?"
But far (you) live

"Z drugiej strony pnia."
With (the) other side (of the) trunk

"Przedstaw mnie swojej rodzinie. Znam wiele
Introduce me (to) your family (I) know many

zabaw. Pobawimy się razem."
games Let's play ourselves together

I myszka zaprowadziła jeża przed
And (the) mouse took (the) hedgehog before

norkę.
(the) nest

"Zawołaj swoje siostrzyczki, pobawimy się w
Call your little sisters let's play -ourselves- -in-

berka."
tag

Myszki nie chciały wyjść, lecz w końcu
(The) mice not wanted to go out but in (the) end

zaciekawione dały się namówić siostrzyczce.
curiously gave themselves to persuade (the) sisters

"Ja będę berkiem!" krzyknął jeż i połapał je
I will be tag (he) shouted already in caught them

wszystkie.
all

"Trochę jesteście za małe. Gdyby złapać jeszcze
A bit (you) are too small When to catch still

waszą mamę byłoby co jeść w zimę." i
your mother (it) would be something to eat in winter and

jeżyk zaczaił się przy norce.
(the) hedgehog lurked himself by (the) next

Małgorzata wracała z kłosem zboża.
Malzorgata returned with (an) ear (of) corn

"Mam cię," ucieszył się jeż, "Teraz mogę
(I) have you said himself (the) hedgehog Now (I) can

już wracać. Po czym zaniósł całą mysią
already go back At that (he) carried (the) entire mouse

rodzinkę do swojej jamki."
family to his nest

"Czy musisz nas zjadać?" spytała Małgorzata,
What (you) must us eat asked Malgorzata

"Masz tyle grzybów i jabłek."
(You) have so many mushrooms and apples

"To za mało," odparł jeż, "Zima będzie
This (is) too little replied (the) hedgehog Winter will be

sroga w tym roku."
harsh in this year

"Mogłabym ci nanosić grzybów."
(I) could to you bring mushrooms

"Uciekłabyś mi."
(You) would run away (from) me

"Nie ucieknę. Masz przecież moje dzieci."
Not (I) will run away (You) have still my children

"Mogłaby mi nanosić grzybów a potem i tak
(She) could me bring mushrooms and then also so

ją zjem," pomyślał jeż, "Zgoda, ale musisz
her (I) eat thought (the) hedgehog Agreed but (you) must

mi napełnić całą spiżarnię." I wypuścił
me fill (the) whole pantry And (he) let out

myszkę.
(the) mouse

Przez kilka dni Małgorzata znosiła jeżykowi
After (a) few days Malgorzata carried (to the) hedgehog

grzyby, lecz spiżarnia zapełniała się bardzo
mushrooms but (the) pantry filled itself very

powoli, ponieważ jeż część zapasów zjadał od
slow because already some supplies (he) ate at

razu.
once

"Muszę coś wymyślić, bo nie zdążę
(I) must something think out because not (I) have time

napełnić spiżarni przed zimą," pomyślała myszka.
to fill (the) pantry before winter thought (the) mouse

Pewnego dnia, gdy szła po grzyby złapał ją
(A) certain day when (she) went for mushrooms caught her

wąż.
(a) snake

"Dawno już nie miałem takiej smacznej
Long already not (I) had such (a) tasty

zdobyczy," zasyczał.
prey (he) hissed

"Puść mnie. Zaprowadzę cię do moich dzieci. Mam
Let go (of) me (I) will take you to my children (I) have

ich dużo, więc najesz się do syta i
them lots so (you) will eat yourself to sating and

będziesz mógł mnie uwolnić."
(you) will could me free

"Czemu nie," pomyślał wąż, "Zjem i dzieci
What-for (Why) not thought (the) snake (I) eat and (the) children

i ją."
and her

Myszka zaprowadziła go przed jamkę
Mouse took him to (the) hole

jeża.
(of the) hedgehog

"Zaraz zawołam dzieci," powiedziała wchodząc
Soon (I) call (the) children (she) said entering

do środka.
into (the) center

"Jeżyku przyprowadziłam ci węża na kolację."
Hedgehog (I) brought you (a) snake for supper

Jeżykowi bardzo smakowały węże, więc
(The) hedgehogs very much liked snakes so

wyskoczył przed norkę i zabił go.
(he) jumped before (the) nest and killed him

"Teraz muszę was wypuścić. Nie zmieścicie mi
Now (I) must you let out Not (you) will fit me

się do jamki jak wciągnę tam węża," i
yourselves into (the) hole as (I) pull in there snake and

cała mysia rodzina wróciła do domu.
(the) whole mouse family returned to (the) house

Od	tej	pory	myszki	cierpliwie	czekały	na
From	this	time	(the) mice	patiently	waited	for

powrót	mamy	z	jedzeniem	i	żadna	nie
(the) return	(of) mom	with	(the) food	and	none	not

wystawiała	z	norki	nawet	czubka	nosa.
stuck out	from	(the) nest	even	(the) tip	(of the) nose

Jeżyk	zaś	przez	całą	zimę	miał
(The) hedgehog	afterwards	for	(the) whole	winter	had

co	jeść.
something	to eat

OPOWIEŚĆ TRZECIA

OPOWIEŚĆ TRZECIA
Story Three

Pewnego dnia na polanę przyszedł myśliwy.
(A) certain day on (the) field passed by (a) hunter

Rozejrzał się dookoła, po czym wdrapał się
(He) looked -himself- around at that climbed himself

na dąb. Gdy znalazł sobie wygodne miejsce
on (the) oak When (he) found himself (a) comfortable place

w rozłożystych konarach powiedział;
in (the) spreading boughs (he) said

"Tu mnie nie widać, mogę spokojnie czekać na
Here me not to see (I) can quietly wait for
I'm not visible

zwierzęta."
animals

Siedział już ze dwie godziny, gdy na polanę
(He) sat already with two hours when on (the) field

wbiegło stadko warchlaków dzika. W ślad za
ran (a) troop (of) piglets (of) wild boar In trace after

nimi nadeszła ich mama. Ze strony myśliwego
them came their mother From (the) side (of the) hunter

nic im nie groziło, ponieważ nie polują oni na
nothing them not theatened because not hunt they for

małe dziki ani na ich mamy. Lecz nagle
small wild boars nor for their mother But suddenly

huknął strzał i locha upadła na murawę a jej
crashed (a) shot and (the) sow fell on (the) grass and her

dzieci rozbiegły się po polanie.
children scattered themselves on (the) clearing

Myśliwy tak bardzo był zaskoczony tym co się
(The) hunter so very much was surprised this that itself

stało, że wychylił się nieostrożnie i
happened that (he) leaned out himself carelessly and

spadł z drzewa. Tymczasem na skraju
fell from (the) tree This-time-at at (the) edge
(At that moment)

lasu pojawił się kłusownik. Podszedł do
(of the) forest appeared -itself- (a) poacher (He) went to

zabitego zwierzęcia lecz zanim zdążył cokolwiek
(the) slain animal but before (he) was able anything
they became

zrobić, dostrzegł leżącego myśliwego i spłoszony
to do (he) saw (the) lying hunter and frightened

umknął.
fled

Gdy myśliwy się ocknął, złapał wszystkie
When (the) hunter -himself- aroused (he) caught all

osierocone warchlaki i zaniósł je do swojej
(the) orphaned piglets and carried them to his

zagrody.
homestead

Miesiące mijały a małe warchlaki rosły jak na
Months passed and (the) little piglets grew like for

drożdżach. Wkrótce też stały się
yeast In-short also (they) stood themselves
(Soon) they became

dorosłymi dzikami i myśliwy wyprowadził je
adult wild boars and (the) hunter led them

do lasu.
to (the) forest

"Teraz już dacie sobie same radę," powiedział
Now already (you) give yourself self counsel (he) said
you have to fend for yourself

i ruszył w powrotną drogę.
and moved in (the) returning road
headed back

Dziki długo oglądały się za nim,
(The) wild boards long watched themselves after him

ponieważ przyzwyczaiły się do swojego
because (they) got used themselves to their

opiekuna ale las był taki pociągający i
guardian but (The) forest was so attractive and

tajemniczy, że w końcu ruszyły
mysterious that in (the) end (they) moved

przed siebie.
in front of themselves
forward

Myśliwy nadal chodził na polowania i nieraz
(The) hunter still went to (the) hunt and not-once
(sometimes)

zdarzało mu się trafić na polanę, gdzie spotkał
happened him itself to hit on (a) clearing where (he) met
(to end up)

kłusownika.
(the) poacher

Pewnego dnia zasnął pod dębem. Pech
(A) certain day (he) fell asleep under (the) oak tree Misfortune

chciał, że w ten sam dzień na polanie pojawił
wanted that in this same day on (the) clearing appeared

się kłusownik. Zauważył śpiącego myśliwego
-himself- (the) poacher (He) noticed (the) sleeping hunter

i opartą o drzewo strzelbę. Była to piękna,
and leaning against (the) tree shotgun Was this (a) beautiful
up

zadbana strzelba. Kłusownik podkradł się do
well-maintained shotgun (The) poacher sneaked himself to

drzewa	i	zabrał	ją.
(the) tree	and	took	her

Myśliwy	spał	twardo	i	wcale	nie	zauważył
(The) hunter	slept	soundly	and	at all	not	noticed

braku	broni.	Zbudziło	go	dopiero	wycie
(the) lack	(of the) gun	Woke	him	only	(the) howling

wilków.	Rozejrzał	się	za	strzelbą	lecz	nie
(of) wolves	(He) looked around	himself	for	(the) shotgun	but	not

mógł	jej	znaleźć.	Tymczasem	już	pierwsze	wilki
could	her	find	This-time-at	already	(the) first	wolves
			(Meanwhile)			

zaczęły	wybiegać	na	polanę.	Nie	mając	innego
began	to run	onto	(the) clearing	Not	having	other

wyjścia	myśliwy	wdrapał	się	na	drzewo.
choice	(the) hunter	climbed	-himself-	on	(the) tree
				(in)	

Siedział	tak	na	gałęzi	patrząc	w	dół	na
(He) sat	so	on	(the) branches	looking	in	bottom	on
						down	

stadko	wilków	i	z	rozpaczą	myślał	nad
(the) pack	(of) wolves	and	with	desperation	thought	over
						(about)

swoim	położeniem.	Strzelby	nie	miał,	więc	nie
his	position (situation)	(The) shotgun	not	(he) had	so	not

mógł	wilków	przepłoszyć	a	siedzieć	bez
(he) could	(the) wolves	scare off	and	to sit	without

końca	na	drzewie	też	nie	można.
end	on (in)	(the) tree	also	not	(was) possible

Zapadła	noc.	Wilki	ułożyły	się	na
Fell	(the) night	(The) wolves	lay	themselves	on

trawie	i	od	czasu	do	czasu	zerkały	w	górę
(the) grass	and	from	time	to	time	glanced	in	top

zastanawiając	się,	czy	siedzący	na	drzewie
making sure	themselves	whether	(the) sitting	on (in)	(the) tree

człowiek	będzie	ich	śniadaniem	czy	też	może
man	will be	their	breakfast	or	also	maybe

dopiero	obiadem.	Myśliwy	zaś	szczypał	się
just	dinner	(The) hunter	however	pinched	himself

bez	przerwy	w	policzki	by	nie	zasnąć	i
without	break	in	(the) cheeks	for	not	to fall asleep	and

nie spaść.
not to fall

Gdy nastał ranek myśliwy był już tak
When came (the) morning (the) hunter was already so

zmęczony, że oczy same mu się
tired that (the) eyes self (of) him themselves

zamykały. Już myślał, że zbliża się
closed Already (he) thought that (was) approaching himself

śmierć, gdy na polanę wpadło stado dzików.
death when on (the) clearing came (a) herd (of) wild boars

Były to te same dziki, które kiedyś
(They) were then these same wild boards which once

wychował.
(he) raised

Z impetem ruszyły między wilki roztrącając
With impetus (the) moved between (the) wolves breaking

je i przewracając. Zażartość stada
them and knocking them over (The) wildness (of the) herd

dzików była tak wielka, że wilki rozbiegły
(of) wild boars was so great that (the) wolves scattered

się po lesie.
themselves across (the) forest

Myśliwy zszedł z drzewa i ruszył do domu
(The) hunter left from (the) tree and moved to house

odprowadzany przez swoich wychowanków. Na
escorted by his pupils On

skraju lasu rozstali się, a myśliwy
(the) edge (of the) forest (they) parted themselves and (the) hunter

choć mieszkał tu od urodzenia nigdy jeszcze
although (he) lived here from birth never still

nie czuł się tak bardzo z lasem związany.
not felt himself so very much with (the) forest connected

"Wrósł w to miejsce korzeniami zupełnie jak ja."
(He) grew in this place (the) roots completely like me

zakończył swoją opowieść stary dąb.
ended his story (the) old oak

ZAPŁAKANA SIEKIERA

ZAPŁAKANA	SIEKIERA
(The) Tearful	Axe

Była	sobie	raz	siekiera.	Choć	była	bardzo
(There) was	itself	once	(an) axe	Although	(it) was	(a) very

dobrą	siekierą,	zrobioną	z	pierwszorzędnej	stali	i
good	axe	made	of	first class	steel	and

znakomicie	osadzoną	na	dębowym	trzonku	-	ciągle
perfectly	set	on	(an) oak	shaft {trunk}		still

płakała.
(she) cried

Powodem	jej	smutku	były	skargi
(The) cause	(of) her	grief	were	(the) complaints

gałęzi,	że	ścina	i	rąbie	na
(of the) branches	that	(she) was cutting	and	chopping	to

kawałki. Na próżno siekiera tłumaczyła gałęziom;
pieces On (In) vain (the) axe explained (the) branches

"Muszę was ścinać bo takie jest moje
(I) must you cut because such is my

przeznaczenie. Czy do żołnierza ma ktoś
calling -Whether- to (the) soldier has someone

pretensję, że zabija wrogów? Przecież ja też tak
to blame that kills enemies Indeed I also so

jak żołnierz spełniam tylko swój obowiązek."
like soldier (I) fulfill only my duty

Nie rozumiały jej jednak gałęzie i skarżyły
Not understood her however (the) branches and complained

się roniąc żywiczne łzy ze świeżych ran.
themselves dropping resin tears from fresh wounds

Siekiera nie mogła słuchać tego lamentu - była
(The) axe not could hear this laments (she) was

bowiem bardzo wrażliwa - i dlatego płakała.
indeed very sensitive and for this (she) cried

We dnie rąbała gałęzie na pieńku a
In (the) day (she) chopped branches on (the) stump and

wieczorem leżała w kącie pokoju i
(in the) evening lay in (the) corner (of the) room and

patrzyła jak poukładane równo polana znikają w
looked at how (the) arranged evenly logs disappear in

ogniu kominka.
(the) fire (from the) fireplace

Gdy z płomienia odskakiwała iskra lub
When from (the) flame shot out (a) spark or

zasyczała płonąca łza gałęzi - siekierze robiło
hissed (a) burning tear (of a) branch (the) axe made

się jeszcze smutniej i wtedy płakała najbardziej.
itself even sadder and then cried (the) most

Mijały dni aż w końcu ciągle wilgotna od
Passed days until in (the) end (the) continually wet from

łez siekiera zaczęła rdzewieć. Gdy gospodarz
tears axe began to rust When (the) owner

zobaczył, że nawet smarowanie tłuszczem nie
saw that even lubrication with grease not

pomaga i siekiera rdzewieje dalej,
helps and (the) axe rusts further

zniecierpliwiony wyrzucił ją.
impatiently threw away her

Leżała teraz zardzewiała na śmietniku. Trzonek
(She was) lying now rusted in (the) trash (The) shaft

jej dawno już zbutwiał.
(of) her long already decayed (rotted away)

Widziała rosnące obok śmietnika drzewa, z
(She) saw growing besides (the) dumpster (a) tree from

których kiedyś ścinała gałęzie. Jednak żadna z nich
which once (she) cut branches However none of them

nie przejęła się losem siekiery.
not concerned themselves (with the) fate (of the) axe

Cieszyły się życiem i gaworzyły między
(They) enjoyed themselves (with) life and chatted among

sobą pokryte zielenią i szczęśliwe,
themselves covered (in) greenery and happy

narzekając i płacząc gdy od czasu do czasu
complaining and crying when from time to time

przychodzi gospodarz z nową siekierą by ściąć
arrived (the) master with (a) new axe for to cut

niektóre z nich.
some of them

Wszyscy zapomnieli o siekierze przykrytej
All forgot about (the) axe covered

warstwą nowych śmieci. Nie zapomniała tylko
(with a) layer (of) new garbage Not (she) forgot only (however)

rdza, która zżerała siekierę nadal. Siekiera
(the) rust which ate away at (the) axe still (The) axe

bowiem była wciąż mokra od łez. Tylko, że
because of that was still wet from tears Only that

teraz płakała nad sobą.
now (she) cried over herself

JANEK

JANEK
Janek

W pewnym kraju żył pastuszek imieniem
In (a) certain land lived (a) shepherd boy (by the) name (of)
{pasterz; shepherd}

Janek. Nie miał ani rodziny, ani przyjaciół.
Janek Not (he) had neither parents nor friends

Nawet jego pracodawca nie lubił go, gdyż
Even his employer not liked him since

pastuszek był skryty i wolał rozmawiać
(the) shepherd boy was secretive and preferred to talk

ze swoją sroczką niż z ludźmi.
with his little magpie (rather) than with people

Sroczkę znalazł Janek w zimie. Była
(The) little magpie found Janek in winter (It) was
Janek found the little magpie

zmarznięta	i	pokaleczona.	Zabrał	ją	do	szopy,
cold	and	crippled	(He) took	her	to	(the) shed

w	której	spał	i	pielęgnował	dopóki	nie
in	which	(he) slept	and	nursed	until	-not-

wyzdrowiała.	Sroczka	lubiła	latać	po
(she) recovered	(The) little magpie	liked	to fly	through

okolicy	i	zaglądać	w	każdy	zakamarek.
(the) neighborhood	and	to look	in	each	nook

O	wszystkim	czego	się	dowiedziała	opowiadała
About	all	(of) what	itself	(had) learned	(it) told

potem	Jankowi.	Może	właśnie	dlatego	nie	przepadał
later	Janek	Maybe	just	for this	not	liked

pastuszek	za	towarzystwem	ludzi,	że	tak
(the) shepherd	-with-	(the) society	(of) people	that (because)	so

dużo	o	nich	wiedział?
many	about	them	(he) knew

Pewnego	dnia	poleciała	stoczka	na	zamek
(A) certain	day	flew	(the) magpie	to	(the) castle

królewski. Król właśnie się mył i zdjął
royal (The) king just himself washed and taking off

swój rodowy pierścień by mu nie przeszkadzał.
his ancestral ring so that him not (it) hindered

Pierścień błyszczał w promieniach słońca i
(The) ring shone in (the) rays (of the) sun and

sroczka nie mogła się oprzeć wrodzonemu
(the) magpie not could itself resist inborn

nawykowi. Pochwyciła go w dziobek i odfrunęła.
habits (She) caught him (it) in (the) beak and flew away

Król bardzo się złościł nie mogąc odnaleźć
(The) king very much himself angered not being able to find

pierścienia, ale ponieważ groźby i krzyki nic
(the) ring but because threats and screams nothing

nie pomagały kazał ogłosić, że kto odnajdzie
-not- helped (he) let announce that who would find

pierścień dostanie w nagrodę tysiąc dukatów.
(the) ring would get in reward (a) thousand ducats

Sroczka przyniosła swoją zdobycz Jankowi a on
(The) magpie carried her booty to Janek and he

postanowił odebrać królewską nagrodę.
decided to take away (the) royal prize

"Po co mam pracować u obcych ludzi,"
For what (I) have to work with strange (other) people

pomyślał, "gdy sam mogę zostać bogatym
(he) thought when myself (I) can become (a) wealthy

dziedzicem."
heir (landowner)

Udał się na zamek i oddał pierścień.
Away-gave (He set off) himself to (the) castle and gave back (the) ring

Lecz król, gdy już odzyskał zgubę wcale
But (the) king when already (he) regained (his) loss at all

nie miał zamiaru tracić tysiąca dukatów i
not had (the) intention (of) to lose (a) thousand ducats and

powiedział;
said

"Słuchaj	Janku,	zadam	ci	zagadkę.	Jeżeli
Listen	Janek	(I) will ask	you	(a) riddle	If

zgadniesz,	dostaniesz	nie	tysiąc	a	dwa
(you) guess (right)	(you) will get	not	(a) thousand	but	two

tysiące	dukatów,	jeśli	nie	-	odejdziesz	bez
thousand	ducats	if	not		(you) will leave	without

zapłaty."
pay

Janek	podrapał	się	w	głowę.	Nie	miał	zamiaru
Janek	scratched	himself	in (on)	(the) head	Not	(he) had	intention

stracić	nagrody,	ale	z	drugiej	strony	mógł
(of) to lose	(the) prize	but	from (on)	(the) other	side (hand)	(he) could

ją	podwoić.
her	double

"Zgoda!"	zdecydował	w	końcu.
Agreed	(he) decided	in	(the) end

"Otóż	masz	mi	powiedzieć	jak	miał	na	imię	mój
Well	(you) have	me	to tell	how	has	for	name	my
					was named			

pradziadek.	Daję	ci	czas	do	jutra
great-grandfather	(I) give	you	time	to (until)	(the) morning

na	zastanowienie,"	powiedział	król,	pewny,	że
for	reflection to think about it	said	(the) king	sure	that

ocalił	swoje	dukaty.
(he had) saved	his	ducats

Jaś	wyszedł	z	zamku	i	udał	się
Little Janek	went away	from	(the) castle	and	gave away	himself
					went	

prosto	do	wsi	za	wzgórzem,	w	której
straight	to	(the) village	behind	(the) hill	in	which

mieszkał	najstarszy	człowiek	w	okolicy.	Wiedział
lived	(the) oldest	person	in	(the) vicinity	(He) knew

o	nim	od	sroczki.	Stuletni	dziadek
about	him	from	(the) magpie	(The) hundred-year-old	grandfather

był	trochę	głuchy	ale	po	wielu	krzykach	w	końcu
was	(a) little	deaf	but	after	many	shouts	in	(the) end

zrozumiał	o	co	chodzi	i	powiedział
understood	about	what	was going on	and	(he) told

Jasiowi imię królewskiego pradziadka.
little Janek (the) name (of the) king's great-grandfather

Chłopiec jak gdyby nigdy nic wrócił do szopy
(The) boy as would never nothing returned to (the) shed

i położył się spać. Nazajutrz poszedł na
and laid himself to sleep In (the) morning (he) went to

zamek.
(the) castle

"No?" spytał król, "odgadłeś moją zagadkę?"
Well asked (the) king did (you) guess my riddle

"Pradziadek Waszej Królewskiej Mości
(The) great-grandfather (of) Your Royal Majesty

miał na imię Konstanty i nosił numer XV."
had for name Konstant and (he) wore number XV
was named

Król spurpurowiał na twarzy ale musiał
(The) King turned purple on (his) face but (he) had to

przyznać, że Janek odgadł.
admit that Janek guessed (right)

"Może chcesz spróbować jeszcze raz," spytał
Possibly (you) want to try another time (he) asked

pastuszka, "jeśli byś zgadł dostałbyś cztery
(the) shepherd if (ou) would guessed (you) would get four

tysiące dukatów."
thousand ducats

"Toż to majątek jakich mało," pomyślał Janek i
Indeed this (a) fortune which small thought Janek and
That's a small fortune

zgodził się.
agreed -himself-

"Zgadnij gdzie chowam klucz od skarbca,"
Guess where (I) hide (the) ke of (the) vault

powiedział król uśmiechając się pewien
said (the) king smiling -himself- sure

wygranej.
(of) winning

Mając czas do następnego dnia Jaś opuścił
Having time to (the) next day little Janek left

zamek. Przewracał się z boku na bok
(the) castle (He) turned over himself from side to side

przez całą noc, ale nad ranem zasnął nie
through (the) whole night but under (the) morning slept not

wymyśliwszy nic.
thinking out (thinking of) nothing

Tymczasem sroczka poleciała na zamek do
Meanwhile (the) magpie flew to (the) castle to

królewskiej sypialni. Usiadła na poręczy
(the) king's bedroom (Se) sat on (the) railing

królewskiego łoża i spytała śpiącego króla,
(of the) king's bed and asked (the) sleeping king

gdzie chowa klucz od skarbca. Król
where (he) was hiding (the) key from (the) vault (The) king

odpowiedział nie zdając sobie nawet z tego
answered not giving himself realizing intention from this

sprawy. Sroczka wróciła do szopy a
question (The) magpie returned to (the) shed and

rankiem, gdy się Jaś obudził
(in the) morning when himself little Janek woke up

opowiedziała mu co zaszło w nocy.
told him what happened in (the) night

Gdy Janek odgadł i tą zagadkę król był
When Janek guessed also this riddle (the) king was

wyraźnie zdenerwowany. Wyszedł do drugiej sali
clearly upset (He) went to another room

i długo nie wracał. W końcu wszedł, usiadł
and (for) long not returned In (the) end (he) came in sat

na tronie i powiedział;
on (the) throne and said

"Dysponujesz już wielkim majątkiem, ale dam
(You) dispose already (of a) great fortune but (I) give

ci szansę na zdobycie połowy królestwa jeśli
you (a) chance for getting half (of the) kingdom if

wykonasz postawione przeze mnie zadanie."
(you) complete (the) posed by me task

Janek	spodziewał	się	nowego	utrudnienia	lecz
Janek	expected	himself	(a) new	difficulty	but

nie	wypadało	mu	odmówić	-	zgodził	się
not	fell out (behooved)	(to) him	to refuse		(he) agreed	himself

zatem.
therefore

"Przyprowadzisz	mi	na	zamek	Szarego	Wilka.
Bring	(for) me	to	(the) castle	(the) Gray	Wolf

Tylko	ma	być	żywy."
Only	(he) has	to be	alive

Pastuszek	ruszył	w	drogę	a	król	aż
(The) shepherd	moved	in	(the) road	and	(the) king	until (almost)

podśpiewywał	z	radości;
sang	with	joy

"Wilk	go	rozszarpie!	Wielu	myśliwych	próbowało
(The) wolf	him	will tear apart	Many	hunters	tried

zabić	bestię	i	nikomu	się	to	nie	udało
to kill	(the) beast	and	no one	himself	this	not	succeeded

a cóż dopiero przyprowadzić go żywcem."
and that only to bring him alive

W ten sposób chytry władca chciał ocalić swoje
In this way (the) sly ruler wanted to save his

dukaty.
ducats

Tymczasem Jaś pewnym siebie krokiem
Meanwhile little Janek sure (of) himself with step

ruszył prosto do lasu. Nagle zagrodzł mu
moved straight to (the) forest Suddenly blocked him

drogę Szary Wilk;
(the) road (the) Gray Wolf

"Czego szukasz w moim lesie?" zawarczał.
What do (you) search in my forest (he) growled
(are you looking for)

Jaś ukłonił mu się i odparł;
Little Janek bowed to him himself and replied

"Przyszedłem w imieniu króla zaprosić cię do
(I) came in (the) name (of the) king to invite you to

zamku na ucztę."
(the) castle for (a) feast

"Czemu nie? On jest królem ludzi ja królem
What-for (Why) not He is king (of the) people I king

wilków. Możemy razem zasiąść do stołu." I
(of the) wolves (We) may at once sit at (the) table And

Szary Wilk ruszył z Jankiem do zamku.
(the) Gray Wolf went with Janek to (the) castle

Gdy król go zobaczył schował się za
When (the) king him saw (he) hid -himself- behind

tronem ze strachu.
(the) throne out of fear

"Uuuu!! To tak witasz gości?!" zawył wilk
Huuu (Is) this how (you) welcome guests howled (the) wolf

i obrażony opuścił zamek porywając po
and resentfully left (the) castle taking along

drodze kilka jagniąt z królewskiego stada.
(the) way some lambs from (the) royal flock

Król opanowawszy strach i wstyd, przemówił;
(The) King having mastered fear and shame spoke

"Teraz jesteśmy jak równy z równym. Połowa
Now (we) are as equal with equal Half

królestwa należy do ciebie a połowa do mnie.
(the) kingdom belongs to you and hlaf to me

Zróbmy zatem ostatni zakład. Kto wygra będzie
Let us make therefore one last bet Who wins will be

królem, kto przegra musi iść precz i nigdy tu
king who will lose must go away and never here

nie wracać."
-not- return

"Zgoda," ochoczo przystał na warunki Janek,
Ok cheerfully agreed on (the) terms Janek

ponieważ spodobała mu się ta gra.
because pleased to him itself this game

"Jeśli przyniesiesz mi kamień z piekła - wygrałeś.
If (you) bring me (a) stone from hell (you) won

Pamiętaj, że musi być jeszcze ciepły!"
Remember that (it) must be still warm

Zakład był tak dziwny, że nawet dworzanie
(The) bet was so strange that even (the) courtiers

zaczęli szeptać między sobą kręcąc głowami.
started to whisper between themselves shaking (their) heads

Za późno jednak już było by się wycofać.
Too late however already was would himself to withdraw
it would be

Przez kilka dni Janek zastanawiał się jak
For (a) few days Janek wondered himself how

zdobyć piekielny kamień, aż w końcu sroczka
to get (a) hell stone until in (the) end (the) magpie

przypomniała sobie, że w opuszczonej wsi jest
remembered himself that in (a) deserted village is

głęboka studnia sięgająca do samego piekła.
(a) deep well reaching to itself hell

Poszedł tam pastuszek, nazbierał kamyków i
Went there (the) shepherd boy collected pebbles and

zaczął je wrzucać do studni. Jeden z nich
began them to throw into (the) well One of them

wpadł diabłu do zupy, gdyż w piekle właśnie
fell (the) devil into (the) soup since in hell just

był obiad. Diabeł tak się zezłościł, że
(it) was dinner (time) (The) devil so himself angered that

wyrwał z bruku kamień i cisnął nim do
(he) snatched from (the) floor (a) stone and threw it to

góry.
(the) top

Janek tylko na to czekał. Złapał kamień i
Janek only for this waited (He) grabbed (the) stone and

pobiegł z nim na zamek.
ran with it to (the) castle

Król nie chciał jednak dotrzymać słowa.
(The) king not wanted however to keep (his) word

"To nie jest kamień z piekła!" krzyczał. "Chcesz
This not is (a) stone from hell (he) shouted (You) want

mnie oszukać!"
me to cheat

Wezwano biskupa by spór rozstrzygnął.
Was called (the) bishop for (the) dispute to settle

Biskup długo przyglądał się kamieniowi,
(The) bishop long looked at -himself- (the) stone

wreszcie poszedł po wodę święconą i pokropił
then went for (the) water blessed and sprinkled

go nią; kamień rozżarzył się do
him with her (the) stone glowed -itself- -to-
(the stone) (with it)

czerwoności i pękł.
red and cracked

"Nie mam wątpliwości," powiedział biskup, "to
Not (I) have doubts said (the) bishop this
(a doubt)

jest piekielny kamień."
is (a) hell stone

Na nic nie zdały się protesty chytrego
On nothing not gave themselves (the) protests (of the) sly
(mattered)

króla - wygnano go z państwa a na
King (they) banished him from (the) country and on

tronie zasiadł Janek.
(the) throne sat Janek

Pastuszek rządził długo i sprawiedliwie a
(The) shepherd boy ruled long and fair and

sroczka mogła do woli bawić się klejnotami
(the) magpie could to will play himself (with the) jewels

w królewskim skarbcu.
in (the) royal treasury

P.S. Dla dzieci ciekawskich;
P.S. For children (who are) curious

Chytry król chował klucz do skarbca pod
(The) sly king hid (the) key to (the) vault under

koroną.
(the) crown

KONIEC
(THE) END

PLUSZOWY NIEDŹWIADEK

PLUSZOWY NIEDŹWIADEK
(The) plush bear

Pewna starsza pani robiła w domu zabawki.
(A) certain old lady made in (her) house toys

Była bardzo samotna i dlatego w każdą ze
(She) was very lonely and for that in each of

swoich zabawek wkładała wiele pracy i serca. Jej
her toys (she) put a lot of work and heart Her

zdolne ręce wyczarowywały najpiękniejsze lalki w
talented hands conjured up (the) most beautiful dolls in

całym mieście. Wczoraj skończyła robić
(the) entire city Yesterday (she) finished to make

pluszowego niedźwiadka i miała go właśnie
(a) plush teddybear and had him just

zanieść do sklepu. Nie lubiła rozstawać się
to bring to (the) store Not (she) liked to part herself

ze swoimi zabawkami ale musiała z czegoś
with her toys but (she) must from something

żyć, a poza tym dzieci tak bardzo się
live and besides this children so very (much) themselves

z nich cieszyły...
with them amused

Niedźwiadek rozsiadł się na wystawie i czekał.
(The) teddybear sat itself on display and waited

"Ciekawe kto mnie kupi," myślał sobie
(I) wonder who me will buy thought by himself

spoglądając na przechodniów. Wkoło niego pełno
(while) looking at (the) passers-by Around him full

było zabawek, które też zadawały sobie to
(it) was (of) toys which also asked themselves this

pytanie. Bo trzeba wam wiedzieć, że wszystkie
question Because must you know that all

zabawki bardzo nie lubią być same i
toys very (much) not like to be by themselves and

niecierpliwie czekają na dzieci by się z
eagerly await for children for themselves with

nimi bawić.
them to play

Dochodził już wieczór, gdy ulicą
Approached already (the) evening when (on the) street

przechodziła dziewczynka z długimi, jasnymi
passed (a) girl with long bright

warkoczykami. Przystanęła przed wystawą
braids (She) stopped (She paused) in front of (the store) display

i aż klasnęła w rączki.
and before clapped in (the) hands

"Jakiś ty śliczny misiu." powiedziała,
How you (are) (a) cute bear (she) said

"Porozmawiam z rodzicami może mi ciebie
(I) will talk with (my) parents maybe (for) me you

kupią."
(they) will buy

"Porozmawiaj," pomyślał miś, bo choć
Talk thought (teddy)bear because although

bardzo chciał nie mógł jakoś nic
very (much) (he) wanted not (he) could anything -not-

powiedzieć. "Porozmawiaj. Ty też mi się bardzo
say Talk You also me myself very much

podobasz. Dobrze by było móc bawić się
please Good would was being able to play -myself-
would be

z tobą."
with yo

Dziewczynka pobiegła do domu.
(The) girl ran -to- home

"Tatusiu, tatusiu widziałam ślicznego misia!
Daddy daddy (I) saw (a) lovely (teddy)bear

Kupcie mi go!" krzyczała biegnąc po schodach.
Buy me him (she) shouted running on (the) stairs

"Córeczko nie mamy teraz pieniążków. Zresztą
Little daughter not (we) have now (the) money Anyway

niedawno dostałaś nową lalkę," powiedział ojciec.
recently (you) got (a) new doll said father

"Ale on jest taki piękny," posmutniała
However he is so beautiful became sad

dziewczynka, "oddam moją lalę, a misia
(the) girl (I) will give back my doll and (the) bear

kupicie mi jako prezent na urodziny."
(you) will buy me as present for (my) birthday

"Urodziny masz dopiero za trzy miesiące."
(Your) birthday (you) have only after three months

Dziewczynka zaczęła płakać.
(The) girl started to cry

"Na pewno do tego czasu już go nie będzie w
For certain to (by) this time already him not will be in

sklepie."
(the) store

"Uspokój się," powiedziała mama, "znajdziemy
Calm yourself said mom (we) will find

chyba trochę pieniędzy. Jutro go sobie
perhaps (a) little money Tomorrow him by yourself

kupisz."
(you) buy

"A nie mogę teraz?"
But not (I) can now

"Już jest późno i na pewno zamknięto sklep."
Already (it) is late and for sure (is) closed (the) shop

"Tylko pamiętajcie, obiecaliście mi!" i już
Just remember (that you) promised me and already

uśmiechnięta, choć jeszcze ze śladami łez na
smiling though still with traces (of) tears on

policzkach, dziewczynka pobiegła do swojego
(the) cheeks (the) girl ran to her

pokoju.
room

"Niepotrzebnie jej obiecałaś. Wiesz przecież jak
Unnecessarily her (you) promised (You) know surely how

mało mamy teraz pieniędzy," powiedział ojciec.
little (we) have now money said (the) father

"Wiem. Ale pieniędzy mamy zawsze mało a nie
(I) know But money (we) have always little and not

potrafiłam jej odmówić. Inne dzieci mają dużo
(I) could her refuse Other children have many

więcej zabawek. Cóż ona temu winna, że
more toys Well she (of) this (is) guilty that

jesteśmy biedni?" Rodzice uśmiechnęli się
(we) are poor (The) parents smiled -themselves-

do siebie. Oboje przecież bardzo kochali swoją
to each other Both indeed very much loved their

córeczkę i cieszyli się, że sprawią jej
daughter and enjoyed themselves that (they) would make her
were happy

radość.
happy

Rano, jeszcze przed otwarciem sklepu,
Early still before (the) opening (of the) store

dziewczynka stała przed witryną ściskając w
(the) girl stood before (the) window squeezing in

rączce pieniądze i patrząc na swojego misia.
(the) hand (the) money and looking at her (teddy)bear

"Mam już dla ciebie łóżeczko i garnuszki.
(I) have already for you (a) cot and mugs

Uszyję ci spodenki na szelkach. Poznasz
(I) will sew (for) you shorts on straps (You will) meet

inne moje zabawki. Zobaczysz, na pewno je
other my toys (You) will see for sure them
my other

polubisz," mówiła dziewczynka z nosem przy
(you) will like said (the) girl with (her) nose at

szybie.
(the) glass

Miś patrzył na nią paciorkami swoich oczu i
Bear looked at her (with the) beads (of) his eyes and

myślał. "Wiem, że będzie mi u ciebie dobrze,
thought (I) know that (it) will be me with you good

jesteś taką miłą dziewczynką."
(you) are such (a) nice girl

Przed samym otwarciem sklepu przyszła
Before (the) very opening (of the) store came

mama jednej z koleżanek dziewczynki.
(the) mother (of) one of (the) female friends (of the) girl

"Dzień dobry kochanie. Dziś są urodziny Krysi,
Day good dear Today is (the) birthday (of) Krysia
Good day

muszę jej coś kupić. Bardzo mi się
(I) must (for) her something buy Very much me myself

spieszy, przepuścisz mnie?"
(I) hurry let through me

"Bardzo proszę."
Very much please
You're welcome

"A ty co chcesz sobie kupić?"
And you what (you) want for yourself buy

"Tego pluszowego niedźwiadka."
This plush teddybear

"Niedźwiadka mówisz? Jak myślisz, czy spodobałby
(The) teddybear (you) say How (you) think that would please

się Krysi?"
herself Krysia

"Na pewno. Wszystkie dzieci będą mi go
For sure All children will me him

zazdrościły."
envy

Lecz kiedy otworzono sklep mama Krysi
But when opened (the) shop (the) mother Krysia

kupiła pluszowego misia. Na nic się zdały
bought (the) plush bear For nothing themselves gave
(mattered)

protesty dziewczynki.
(the) protests (of the) girl

"Ależ ja pierwsza przyszłam i pierwsza wybrałam
But I first came and first chose

tą zabawkę."
this toy

"Nie nudź. Przepuściłaś mnie przecież a sama
Not (be a) bore (You) let go me for sure and yourself

mówiłaś, że niedźwiadek spodoba się Krysi," –
(you) said that (the) teddybear appeals itself (to) Krysia

i pani zabrała zabawkę!
and (the) lady took (the) toy

"Jak ona mogła to zrobić?" mówiła do siebie
How she could this do said to herself
could she do this

dziewczynka wracając do domu, "Przecież jej
(the) girl returning to (her) house Indeed her

mówiłam, że chcę go kupić!"
(I) said that (I) want him buy
to buy him

Rodzice długo nie potrafili uspokoić swojego
(The) parents long not could calm down their

dziecka. Dziewczynka płakała cały dzień.
child (The) girl cried (the) whole day

Tymczasem Krysia wcale nie ucieszyła się z
This-time-with Krysia in all not amused herself with
(Meanwhile) (at all)

prezentu. Zawsze miała dużo zabawek a w
(the) gift Always (she) had many toys and in

dniu swoich urodzin dostała ich wiele. Była
(the) day of her birth got them many (There) was

wśród nich płacząca lalka, kręcąca się karuzela z
among them (a) crying doll (a) spinning itself carousel of

pozytywką, skaczący zajączek i nakręcany żuk.
(a) music box (a) hopping bunny and (a) wind-up beetle

Niedźwiadek nie umiał się ruszać ani płakać
(The) teddy bear not could himself move or cry

trafił więc do dużego pudła w rogu
found (itself) therefore into (a) large box in (a) corner

pokoju, w którym Krysia trzymała zabawki nie
(of the) room in which Krysia kept toys not

lubiane.
liked

Pluszowemu niedźwiadkowi było bardzo smutno.
(To the) plush bear (it) was very said

Wspominał dziewczynkę, którą widział przed
(He) remembered (the) girl who (he) saw through

sklepem i mruczał do siebie;
(the) glass and murmured to himself

"Ona na pewno nie wrzuciła by mnie do
She for sure not threw would me into
would have thrown

ciemnego pudła. Miała dla mnie łóżeczko i
(the) dark box (She) had for me (a) cot and

uszyłaby mi spodenki."
sewed-would me shorts
(would sew)

W ciemnym pudle wszystkie zabawki były smutne,
In (the) dark box all toys were sad

bo nikt się z nimi nie bawił. Niedźwiadek
because no one himself with them not played (The) teddy bear

szybko się z nimi zaprzyjaźnił a szczególnie
fast himself with them befriended and especially

polubił szmacianą lalę z warkoczykami, bo
liked (the) rag doll with (the) pigtails because

przypominała mu jego dziewczynkę.
(she) reminded him (of) his girl

Pewnego dnia do pudła przegryzła się myszka.
(The) next day into (the) box bit through itself (a) mouse

"Ileż tu rupieci," pisnęła, "będę miała na
How much here (is) junk (he) squeaked (I) will had at

czym ostrzyć sobie ząbki. Zacznę chyba od
this to sharpen myself (the) teeth (I) will start probably at

tej lali."
this doll

"Nie rusz jej," mruknął miś, "mnie możesz
Not move (touch) her grumbled (the) bear me (you) may

pogryźć. Ja i tak nie trafię tam, gdzie
bite I also so not find (myself) there where

chciałbym się podobać a lala straci swój
(I) would want myself to like and (the) doll loses her

urok gdy ją nadgryziesz."
charm when her (you) over-bite
(you gnaw)

"O! Podoba mi się twoje poświęcenie," powiedziała
Oh Pleases me itself your sacrifice said

myszka obwąchując niedźwiadka, "Nie ruszę was.
(the) mouse sniffing (the) teddy bear Not (I) touch you

Mogę ostrzyć sobie zęby na tym pudle. A
(I) can sharpen myself (the) teeth on this box And

ciebie w nagrodę za dobre serce nauczę chodzić.
you in award for (a) good heart (I) teach to walk
as reward

Chcesz?"
Do (you) want (that)

"Jasne, że chcę!"
Clear that (I) want (that)

Od tej pory zaczęła się nauka.
From this time started itself (the) learning

Dziewczynka sprzed sklepu oddała pieniądze
(The) girl (from) before (the) shop gave away (the) money

rodzicom, nie chciała bowiem innej zabawki.
(to her) parents not (she) wanted for another toy

"Mówicie, że macie mało pieniędzy a na innej
(You) say that (you) have little money and for another

zabawce mi nie zależy," odparła mamie, gdy ją
toy me not (I) care (she) told (her) mommy when her

namawiała na kupno czegoś innego.
(she) urged for (a) purchase (of) something else

Mijały dni i nadeszły urodziny dziewczynki
(There) passed days and came (the) birthday (of the) girl

z warkoczykami. Dostała kilka zabawek, ale
with (the) pigtails (She) got some toys but

najbardziej ucieszyły ją kukiełki od
most delighted her (the) puppets from

babci. Takich nie miało żadne z dzieci.
(her) grandmother Such not had none of (the) children

Znajomi z podwórka zazdrościli jej kukiełek, a
Friends from (the) yard envied her puppets and

najbardziej zazdrościła ich Krysia, która nie lubiła
most envied them Krysia who not (it) liked

gdy jakieś dziecko miało zabawkę jakiej ona nigdy
when some kid had toys which she never

nie miała.
not had

"Możemy się zamienić. Ja ci dam kukiełki
(We) can ourselves exchange I you give (the) puppets

a ty mi dasz pluszowego niedźwiadka."
and you me give (the) plush teddy bear

"Zgoda," ucieszyła się Krysia. I pobiegły
Agreed was pleased herself Krysia And (they) ran

zaraz do domów.
right away to (the) house

"Skąd masz te kukiełki?" spytała mama
From where (you) have these puppets asked (the) mother

Krysi.
(of) Krysia

"Dostałam od niej," odparła dziewczynka wskazując
(I) got (them) from her answered (the) girl pointing

na koleżankę. "Idź pod okno, rzucę ci
at (her) friend Go under (the) window (I) will throw you

niedźwiadka," szepnęła.
(the) teddy bear (she) whispered

"Rzuć mi mojego misia!"
Throw me my bear

"Miś jest mój," odparła Krysia i zamknęła
(The) bear is mine answered Krysia and closed

okno.
(the) window

Zapłakana dziewczynka wróciła do domu. Na
(The) crying girl returned -to- home At

pytania rodziców opowiedziała im historię
(the) questions (of her) parents (she) told them (the) story

z kukiełkami.
of (the) puppets

"Muszę porozmawiać z mamą Krysi,"
(I) must talk with (the) mother (of) Krysia

powiedział ojciec, "choć ze mną."
said (the) father come with me

Gdy mama nieuczciwej koleżanki dowiedziała
When (the) mother (of the) unfair female friend learned

się o umowie kazała córce
herself about (the) agreement (she) ordered (her) daughter

oddać misia. Krysia przyniosła niedźwiadka i
to give away (the) bear Krysia carried (the) teddy bear and

posadziła obok siebie na tapczanie.
set (it) next (to) herself on (the) couch

"Niech on sam wybiera. Jeśli pójdzie do niej to
Let him self choose If (he) goes to her then

go oddam, jeżeli zostanie będzie mój."
him (I) give away if (he) stays (he) will be mine

Nikt nie zdążył nawet zaprotestować przeciw
Nobody not managed even to protest against

temu nowemu oszustwu, gdy miś wstał i
this new fraud when (the) bear got up and

szybko poszedł do swojej nowej opiekunki. Nie na
quickly walked to his new sitter (owner) Not on (in)

darmo uczyła go myszka chodzić. Krysia
vain taught him (the) mouse to walk Krysia

poczerwieniała ze złości pobiegła do swojego
became red (in the face) with anger ran to her

pokoju nie mogąc sobie darować straty tak
room not able herself to tolerate (the) loss (of) such

niezwykłej zabawki.
unusual toy

Pluszowemu niedźwiadkowi było bardzo dobrze u
(The) plush teddy bear was very good with

dziewczynki, którą polubił już będąc na
(the) girl who (he) liked already being on

sklepowej wystawie. Stał się jej ulubioną
(the) shop- display (He) stood himself her favorite

maskotką. Miał własne łóżeczko, garnuszki i
mascot (He) had (his) own cot pots and

spodenki z szelkami. Ale najbardziej cieszył
shorts with straps But (the) most (he) was happy

się z tego, że miał swoją dziewczynkę,
-himself- with this that (he) had his girl

która tak bardzo lubiła się nim bawić.
who so very much liked herself with him to play

KONIEC
(THE) END

STARY MIŚ

STARY MIŚ
(The) Old (Teddy) Bear

Noc była wyjątkowo ciemna i wroga.
(The) night was extremely dark and hostile

Dziewczynka nie mogła zasnąć.
(The) girl not could fall asleep

"Tato, chodź do mnie," zawołała.
Daddy come to me (she) cried

"Jeszcze nie śpisz? Nie będziesz mogła rano
Still not (you) sleep Not (you) will could (be able) early

wstać. Przytul się do misia i śpij."
to rise Cozy up yourself to (your) bear and sleep

W taką noc pokój wcale nie jest przytulny.
In such (a) night (the) room wholly not is cosy

Dookoła	czai	się	coś,	ciemne	i	groźne.	W
Around	lurking	itself	something	dark	and	menacing	In

taką	noc	najlepiej	przytulić	się	do	kogoś
such	(a) night	it is best	to hug	oneself	to	someone

bliskiego,	a	ten	ktoś	powinien	być	dużo
close	but	this	someone	should	be	much

większy	od	pluszowego	misia.	Miś	jest
larger	than	(a) plush	(teddy)bear	(The) bear	is

dobry	w	dzień	gdy	to	czarne	coś	schowa	się	w
good	in	day	when	this	black	thing	hides	itself	in

kącie	szafy	lub	w	piwnicy.	I	jak	tu
(a) corner	wardrobe	or	in	(the) basement	And	how	here

spać?	To	coś	tylko	czeka	by	oczy	się
sleep	This	thing	only	waiting	that	(the) eyes	itself

zamknęły,	wtedy	wśliźnie	się	pod	kołdrę.
close	then	(it) will slide	oneself	under	(the) quilt (the cover)

"Dlaczego	moja	dziewczynka	myśl,	że	nie	mogę
For what	my	girl	thought	that	not	(I) can

jej obronić?" pomyślał miś, "Wróżko zabawek!
her protect thought (the) bear Fairy toys

Pozwól mi zabrać ją do nas!"
Let me take her to us

Pod kołdrą zrobiło się jaśniej. Dziewczynka
Under (the) quilt makes itself brighter (The) girl
(the cover) it becomes

otworzyła oczy i popatrzyła na uśmiechnięty
opened (her) eyes and looked at (the) smiling

pysk swojego misia.
snout (of) her (teddy)bear

"Dziwne," pomyślała, "przecież on nigdy się nie
Strange (she) thought still he never himself not

uśmiechał. Pyszczek i nosek miał cały
smiled (The) little snout and nose had all

pośc└ierany gdy go dostałam. To bardzo stary miś."
scuffed when him (I) got It (is a) very old bear

Tymczasem miś machnął łapką i pod
This-time-with (the) bear waved (the little) paw and under
(Meanwhile)

kołdrą zrobiło się jeszcze jaśniej, stawała się
(the) cover made itself even brighter became -itself-
it became

przeźroczysta ukazując pokój. Lecz jakże był on
transparent showing (the) room But how was it

inny niż zwykle! Pełno w nim było zabawek!
different than usual Full in it was toys
It was full of

Niektóre z nich dziewczynka znała, lecz pozostałe
Some of them (the) girl knew but others

widziała po raz pierwszy. Wszystkie coś robiły
(she) saw for time first All something did
the first time

szczebiocząc i śmiejąc się.
chattering and laughing -themselves-

W fotelu siedziała lalka Barbi ubrana w śliczną,
In (the) chair sat doll Barbie dressed in pretty
the Barbie doll

balową suknię. Do lali podszedł miś;
ball gown To (the) doll approached (the) bear

"Dziękuję, że pozwoliłaś mi przyprowadzić moją
Thank you that (you) allowed me bring my

dziewczynkę Wróżko Zabawek. Tak bardzo
girlfriend (to the) Fairy (of) Toys So very (much)

się bała.
herself (she was) scared

"Więc to jest Wróżka Zabawek?" pomyślała
So this is (the) Fairy (of) Toys thought

dziewczynka, "Tyle razy się nią bawiłam i
(the) girl So much times myself (with) her (I) played and

nigdy nie przyszło mi to do głowy. Teraz widzę,
never not came me this to (the) head Now (I) see

że faktycznie jest najbardziej dostojna ze
that in fact (she) is (the) most dignified of

wszystkich moich lal."
all my dolls

"Zajmij się naszą dziewczynką," powiedziała
Take care yourself (of) our girl said

Barbi, "opowiedz jej o nas."
Barbi tell her about us

Dziewczynka chciała wstać z łóżka i o
(The) girl wanted to get up from (the) bed and about

mało się nie potłukła; łóżko było bardzo
little herself not smote (the) bed was very

wielkie! Podszedł do niej miś i podał łapkę.
big (He) arrived to her bear and gave (a) paw

"Musisz uważać. Jesteś teraz dużo mniejsza,
(You) must be careful (You) are now much smaller

inaczej niewiele byś u nas zobaczyła,"
otherwise not much (you) would at (of) us see

powiedział.
(he) said

Dziewczynka zapragnęła zobaczyć co jest dalej,
(The) girl wanted to see what is farther

za jej pokojem. Przez uchylone drzwi ujrzała
behind her room Through (the) ajar door (she) saw

zupełnie inny widok niż się spodziewała;
(a) completely different view than herself expected

zamiast przedpokoju ze znanymi meblami
instead (of a) hallway with (the) familiar furniture

rozciągał się tam wielki las.
was itself there (a) great forest

"Ten las oddziela od siebie wszystkie kraje
This forest separates from themselves all countries

w naszym świecie. Ten w którym jesteśmy teraz
in our world This in which (we) are now

powstał dla ciebie. Ułożyłaś go z marzeń i
was created for you (You) have put it with dream and

snów. Każdy człowiek ma taki kraj."
sleep Every person has such (a) country

"A czy mogłabym zobaczyć kraj mojej
But -if- could (I) see (the) country (of) my

mamy?" spytała.
mommy (she) asked

"Nie powinno się zaglądać do cudzych marzeń.
Not should oneself look (in)to others' dreams

Sny i marzenia są najbardziej intymnymi
Sleep and dreams are (the) most intimate

tajemnicami każdego człowieka. Poza tym nigdy
mysteries (of) every human (being) Beyond this never

nie przechodzimy do innych krain. Należymy do
not (we) go to other lands (We) belong to

naszego świata. Nawet gdybym chciał nie
our world Even if (I) want not

potrafiłbym odnaleźć kraju twojej mamy. Jeżeli
(I) could find (the) country (of) your mom If

przejdzie się przez las nie wiadomo
goes oneself through (the) forest not (it is) known

do czyjego trafi się świata."
to whose hit itself world
in which world one ends up

Wrócili do zabawek by od razu wpaść w
(They) returned to (the) toys to at once fall in

wir psot i figli. Nie było tu
(a) whirl (of) mischief and pranks Not was here
(were)

zasmuconych pysków ani nadąsanych pyszczków.
sad snouts or sulky little faces

To dlatego, że masz takie pogodne marzenia -
This for this that (you) have such serene dreams
(because)

wyjaśnił miś.
explained (the) bear

Dziewczynka świetnie się bawiła, lecz ciekawość
(The) girl excellently herself amused but curiosity

ciągnęła ją do lasu. Gdy miś szukał jej
pulled her (in)to (the) forest When (the) bear searched her

chcąc zaproponować nową zabawę okazało się,
wanting to propose (a) new game showed itself
it turned out

że nie ma jej w pokoju.
that not has her in (the) room
she is not

"Wróżko Zabawek gdzie jest dziewczynka?"
(The) Fairy (of) Toys where is (the) girl

"Poszła do lasu. Nie potrafiła opanować
(She) went to (the) forest Not (she) could master

ciekawości."
(her) curiosity

Misiowi zrobiło się bardzo przykro. Kochał
Teddy made himself very sorry (He) loved
was

swoją dziewczynkę i nigdy by nie uwierzył,
his little girl and never would not (have) believed

że może być niegrzeczna.
that maybe (she) be naughty

"Na pewno coś się stało. Może piłka
For sure something itself happened Maybe (the) ball

potoczyła się za drzwi a ona pobiegła jej
rolled itself behind (the) door and she ran her
(it)

szukać i zabłądziła?"
to search and got lost

Barbi dobrze wiedziała jak było naprawdę, lecz
Barbie well knew how (it) was true but

nie chciała robić misiowi przykrości - i tak
not wanted to do teddy unpleasantness and so
(to cause)

jego pyszczek był bardzo zatroskany. Trzeba
his snout was very concerned (One) must

przecież odnaleźć zaginioną.
yet find (the) missing one

Las okazał się wielki i bardzo gęsty. Już
(The) forest showed itself large and very dense Already

po kilku minutach dziewczynka zabłądziła. Jakże
after some minutes (the) little girl got lost How

teraz żałowała, że nie posłuchała misia!
now (she) was sorry that not (she) listened (to the) bear

"Jak trafię do mojego pokoju? Do misia? Do
How do (I) get to my room To bear To

mamy?"
mommy

Szła coraz dalej i dalej a las
(She) went continually farther and farther and (the) forest

wkoło niej był ciągle taki sam. Była już bardzo
around her was always such same (It) was already very

zmęczona, gdy niespodziewanie wyszła na
tired when unexpectedly (she) came out to

obszerną polanę.
(an) extensive clearing

W oddali pasło się stado koni a z
In (the) distance grazed -itself- (a) herd (of) horses and on

lewej strony stały indiańskie namioty. Nagle
(the) left side stood Indian (native American) tents Suddenly

usłyszała tętent kopyt i poczuła, że ktoś
(she) heard trample (of) hoofs and felt that someone

przewraca ją na ziemię.
knocked over her on (the) ground

"Złapaliśmy bladą twarz!" usłyszała.
(We) caught (a) pale face (she) heard

Jakiś chłopiec w towarzystwie plastikowych Indian
Some boy in (the) company (of) plastic Indians

związał jej ręce i poprowadził w kierunku
bound her hands and led (her) in (the) direction

namiotów. W wiosce została przywiązana do
(of the) tents In (the) village (she) became tied to

pala a jej prześladowcy zaczęli skakać wkoło
(a) stake and her pursuers began to jump around

wznosząc dzikie okrzyki.
raising wild shouts

"Teraz zostaniesz poddana indiańskim torturom i
Now (you) will be subjected to Indian torture and

spalona. Wielki wódz i jego wojownicy idą
burned (The) great chief and his warriors are going

wymalować na twarzach barwy zemsty,"
to paint on (the) faces (the) color (of) revenge

powiedział chłopiec.
said (the) boy

Dziewczynka została sama przywiązana do pala
(The) girl remained self tied to (the) stake

pośrodku indiańskiej wioski.
in the middle (of the) Indian village

Tymczasem miś wędrował przez las w
Meanwhile (the) bear wandered through (the) forest in

poszukiwaniu zaginionej. Szedł już dość
search (of the) missing (one) (He) walked already quite

długo, lecz nigdzie nie znalazł śladu dziewczynki.
long but nowhere not found (any) trace (of the) girl

"Przecież muszę ją znaleźć, beze mnie nie
Yet (I) must her find without me not

trafi z powrotem. A jak jej się coś
hits with return And how (to) her itself something
she can't return (if)

złego stało?" mruczał pod nosem i starał
bad happened muttered under (the) nose and tried

się iść najszybciej jak potrafi. A kochający miś
himself to go as fast as (he) can And (a) loving bear
(he could)

potrafi iść bardzo szybko.
can go very fast

Pierwszym napotkanym przez misia krajem był
(The) first encounter through bear country was

obszerny dom. Wszystko tam lśniło od czystości,
(a) large house Everything there gleamed of cleanliness

meble były bardzo eleganckie a dywany
(the) furniture was very elegant and (the) carpets

puszyste.
fluffy

"To na pewno marzenie kogoś dorosłego,"
It for sure (is the) dream (of) some adult

pomyślał miś. Ale choć szukał długo swojej
thought (the) bear But though (he) searched long his

dziewczynki tu nie znalazł.
girl here not (he) found

W indiańskiej wiosce chłopiec kończył już
In (the) Indian village (the) boy ended already

przygotowania.
(the) preparations

"Najpierw zostaniesz poddana próbie strachu a
First (you) will be subjected to tests (of) fear and

potem próbie ognia," powiedział.
then tests (of) fire (he) said

"Chcesz żebym się poparżyła?"
Do (you) want that myself (I) burned

"Indianie z naszej wioski wykopali topór
Indians from our village dug up (the) axe

wojenny i każda schwytana blada twarz musi
(of) war and every captered pale face must

umrzeć w męczarniach."
die in agony

"To jest zła zabawa! Tatuś mi mówił, że nie
This is (a) bad game Daddy me told that not

wolno bawić się cudzym kosztem. Ty
(it's) allowed to play oneself (of) another's expense You

się będziesz bawił a mnie będzie bolało."
yourself will be amused and me (I) will be hurt

"Nic ci nie pomoże. Przecież ty mi się
Nothing there not helps But you me yourself

tylko śnisz. Ja się tu niczego nie boję bo w
only dream I myself here nothing not fear because in

najgorszym razie po prostu się obudzę."
(the) worst case -for- simply myself (I) will wake up

"Ale ja ci się nie śnię! Ja jestem prawdziwa!"
But I there myself not dream I am real

"Akurat! Tak mówią wszystkie postaci ze
Correct So say all (the) characters from

snu. Zresztą skąd mogłabyś wiedzieć, że
(the) dream Anyway from what could (you) be to know that

nie jesteś prawdziwa, przecież to mój sen," i
not (you) are real after all this my dream and

chłopiec podniósł z ziemi łuk.
(the) boy lifted from (the) ground (his) bow

Miś nie czekał aż pojawi się właściciel
(The) bear not waited until appeared himself (the) owner

snu. Wszedł w las i szukał dalej.
(of the) dream (He) went in(to) (the) forest and searched further

Trafił do ciemnego, zakurzonego pokoju w
(He) arrived to (a) dark dusty room in

którym paliła się tylko mała lampka przy
which burned itself only (a) small little lamp at

biurku. Siedział za nim jakiś starszy człowiek i
(a) desk (He) sat behind it some old person and

liczył pieniądze. Całe biurko było nimi
counted money (The) whole desk was (with) it

zawalone.
cluttered

"Znowu jakiś koszmar," powiedział starzec
Again some nightmare said (the) old man

zobaczywszy misia, "Już nawet we śnie nie
seeing bear Already even in (a) dream not

może człowiek spokojnie policzyć sowich pieniędzy.
can (a) man quietly count his money

Po coś tu przyszedł włochaczu?! Pewnie
For something here visited (the) plush (animal) Surely

się zaraz okaże, że jesteś przebranym poborcą
itself soon will show that (you) are (a) disguised collector

podatkowym!"
for tax

"Niech się pan nie denerwuje. Szukam tylko
Not himself sir not gets nervous (I) search only

swojej dziewczynki."
my girl

"To szukaj jej sobie gdzie indziej. Tu jej nie
Then search her self (some)where else Here her not
(she)

było. Zaraz się obudzę i znowu nie będę
was Soon myself (I) will wake up and again not will

wiedział ile mi się przyśniło pieniędzy."
know how much me itself dreamed (of) money

"Skoro się one panu tylko śnią to po co
SInce himself them sir only (of) dreams then for what

je liczyć? Może pan sobie po prostu wymyślić
them count Maybe sir self -for- simply thinks out

jakąś sumę."
some sum

"Wymyślić!? Ale mi się trafił mądrala! Wynoś
Think out But me -himself- found (a) wise guy Take out

się z mojego snu razem ze swoimi radami!
yourself from my dream at once with your counsels

Widocznie już głupieję od tych kłopotów!
Obviously already (I) am stupid from these troubles

Niedługo będą mi się śniły gumowe słonie,
Not long (I) will me myself dream rubber elephants

szmaciane lalki i dmuchane tygrysy a jedno
rag dolls and inflatable tigers and one

mądrzejsze od drugiego! Oszaleć można!"
wiser than (the) other Go mad one might

Miś już dłużej nie słuchał. Odwrócił się i
Bear already longer not listened (He) turned himself and

wszedł do lasu.
walked into (the) forest

"Doprawdy dziwne sny mają ci dorośli,"
Really strange dreams have there adults

mruczał do siebie przedzierając się przez
murmured (he) to himself struggling himself through

zarośla.
(the) undergrowth

Pierwsza strzała wbiła się wysoko ponad głową
(The) first arrow struck itself high over (the) head

dziewczynki. Chłopiec był wyraźnie z siebie
(of the) girl (The) boy was clearly with himself

niezadowolony. Następne cztery wbijały się
dissatisfied (The) next four stuck themselves

już dużo bliżej a szósta przybiła piżamkę
already much closer and (the) sixth nailed (the) pajamas

dziewczynki do pala.
(of the) girl to (the) pole

"Widzisz," ucieszył się mały indianin, "to
(You) see rejoiced himself (the) small indianin this

dopiero początek!"
(is) only (the) beginning

I wypuszczał coraz to nową strzałę a przy
And (he) let go repeatedly this new arrow and at

każdym uderzeniu w pal dziewczynka
every hit in (the) stake (the) girl

zastanawiała się co będzie, gdy w końcu
wondered -herself- what will be when in (the) end
(will happen)

strzała trafi w nią. Może faktycznie tylko
(the) arrow (would) hit in her Maybe in fact only

śni się chłopcu?
(she) dreams herself (about the) boy

A miś chodził od snu do snu szukając
And (the) bear went from dream to dream searching

swojej dziewczynki. Był u grubego chłopca
his girl (He) was at (a) fat boy

obżerającego się ciastkami. U dziewczynki
gorging himself (on) cookies At (a) girl

siedzącej na tronie. U pani w wielkiej bibliotece
sitting on (a) throne At (a) lady in (a) large library

zastanawiającego się, którą książkę ma zacząć
wondering herself which book (she) has to start

czytać. U pana siedzącej w pokoju tak
reading At (a) gentleman sitting in (a) room so

zawalonym sukniami i butami, że sama nie
collapsed (with) dresses and shoes that himself not

miał się gdzie ruszyć. U jakiegoś malucha
(he) had himself (any)where to move With some toddler

w wielkiej piaskownicy i u dziewczynki śniącej,
in (a) large sandbox and with (a) girl dreaming

że śpi. Ale nigdzie nie znalazł
that (she) sleeps However nowhere not (he) found

zaginionej.
(the) missing one

"I co teraz będzie?" martwił się. Wreszcie
And what now will be (will happen) (he) worried himself Finally

postanowił, że skoro nie może jej znaleźć
(he) decided that soon not (it was) possible her to find

kierując się wzrokiem - poszuka swojej
guiding himself (with) sight (he) search his

dziewczynki kierując się sercem. Zamknął
girl guiding himself (with the) heart (He) closed

więc oczy i poszedł przez las. Nie
then (his) eyes and walked through (the) wood Not

wiedział czy serce prowadzi go w kierunku
(he) knew whether (the) heart leads him in (the) direction

dziewczynki, szybko się jednak przekonał, że
(of the) girl fast himself however (he) convinced that

kierując się sercem trudno jest omijać drzewa.
(the) guiding himself (the) heart difficult is to avoid (the) trees

Już po przejściu kilkuset metrów łepek
Already after crossing several hundred meters (it's) head

miał cały poobijany, nos podrapany a jedno
had (was) all battered (the) nose (was) scratched and one

ucho naderwane.
ear (was) torn

Nie otworzył jednak oczu i dalej szedł za
Not (he) opened however (his) eyes and further went after

głosem serca.
(the) voice (of the) heart

Chłopcu skończyły się już strzały.
(The) boy finished himself already (the) shots

Dziewczynka poprzybijana była nimi do pala
(The) girl nailed was herself to (the) stake

jak kukiełka, lecz żadna ze strzał nie zraniła jej.
like (a) puppet but none of (the) arrows not harmed her

Chłopiec okazał się naprawdę dobrym strzelcem.
(The) boy showed himself (a) really good shooter

"Próba strachu już skończona," powiedział, "teraz
(The) test (of) fear already (is) finished (he) said now

przejdziesz próbę ognia."
(you) will pass (the) test (of) fire

"Dzieci nie powinny bawić się zapałkami,"
Children not should play themselves (with) matches

próbowała go powstrzymać dziewczynka.
tried him to stop (the) girl

"Nic ci nie pomoże. Indianie nie mieli
Nothing there not helps (The) indians not have

zapałek. Rozpalę ognisko starym indiańskim
matches (I) light (the) fire (with the) old indian

sposobem."
way

Stary indiański sposób okazał się jednak
(The) old indian way showed itself however

wyjątkowo trudny i dużo czasu minęło zanim
extremely difficult and much time passed before

chrust zaczął się tlić. Widząc unoszący
(the) brushwood started itself to smolder Seeing rising

się dym dziewczynka zrozumiała, że czy
itself (the) smoke (the) girl realized that whether

to sen czy nie ona boi się naprawdę
this (a) dream or not she scared herself really

zamknęła oczy by nie widzieć tego strasznego
closed (her) eyes to not see this terrible

dymu i ognia, który miał się za chwilę
smoke in (the) eyes which had itself after (a) while
was about to

pokazać.
to show

W tym właśnie momencie coś okropnie
In this same moment something terrible

łupnęło w pal, aż się cały zachwiał.
thumped in(to) (the) stake until itself all upset

"Ojej! Chyba sobie całkiem rozwalę ten pluszowy
Ohoh Surely myself all (I) blow this plush

łepek," zamruczał ktoś z tyłu. I w tej
head murmured someone at (the) back And in this

chwili oboje dziewczynka i miś otworzyli
moment both (the) girl and bear opened

oczy.
(their) eyes

"Jesteś mój misiu!"
(You) are my bear

"Jestem, jestem. Tyle, że się już rozlatuję,"
(I) am (I) am So much that myself already fall apart

westchnął miś.
sighed bear

Niedźwiadek wytłumaczył chłopcu, że dziewczynka
(The) teddy bear explained (to the) boy that (the) girl

jest z innego snu czego najlepszym dowodem
is from another dream of which (the) best proof

jest jego pluszowa obecność w indiańskim śnie i
is his plush presence in (an) indian dream and

obaj uwolnili więzioną.
both freed (the) prisoner

"Szkoda, że nie jesteś z mojego snu.
Pity that not (you) are from my dream

Fajnie się z tobą bawiło."
Fine itself with you played
It was fun to play with you

"Może się jeszcze kiedyś spotkacie. Znacie
Maybe yourselves still someday will meet (You) know

się już przecież."
yourselves already now

"Ale nie chcę być już bladą twarzą przywiązaną
But not (I) want to be already pale face tied

do pala."
to (the) post

"Pewnie, że nie. Złapiemy sobie kogoś innego,"
Sure that not (We) will catch -us- someone else

zaśmiał się chłopiec.
laughed -himself- (the) boy

Pożegnali się i dziewczynka z
(They) bade farewell -themselves- and (the) girl with

misiem ruszyli do swojego snu.
(the) bear moved to their dreams

"Ale jak my trafimy z powrotem?"
But how we will get with return

"Ocho! Do domu to ja trafię zawsze," zaśmiał
Oh -To- home -this- I will get always laughed

się miś.
-himself- bear

Rano dziewczynka ze zdumieniem stwierdziła, że
Early (the) girl with amazement stated that

ma poszarpaną piżamkę, a i miś jest w
(she) has ripped (the) pajamas and also (the) bear is in

opłakanym stanie.
(a) terrible condition

Mama dała jej nową piżamkę, tata pozszywał
Mommy gave her (a) new pajamas daddy blamed

misia i dziewczynka sama już nie wie
(the) bear and (the) girl herself already not knows

czy to się zdarzyło naprawdę, czy tylko tak
whether this herself (she) did really or only so

niespokojnie spała, że podarła piżamkę i
uneasily slept that (she) tore up (her) pajamas and

sponiewierała leżącego przy niej misia. Jednego
abused (the) laying beside her teddy bear One (thing)

jest tylko pewna; na długo najlepszym jej
is only certain for long (the) best (of) her

przyjacielem pozostanie jej stary miś.
friend remains her old bear

DZIEWCZYNA BEZ RĄK

<table>
<tr><td>DZIEWCZYNA</td><td>BEZ</td><td>RĄK</td></tr>
<tr><td>(The) Girl</td><td>Without</td><td>Hands</td></tr>
</table>

<table>
<tr><td>Pewien</td><td>młynarz</td><td>popadał</td><td>coraz</td><td>bardziej</td><td>w</td></tr>
<tr><td>A certain</td><td>miller</td><td>fell</td><td>repeatedly</td><td>more</td><td>into</td></tr>
<tr><td></td><td></td><td></td><td>more and more</td><td></td><td></td></tr>
</table>

<table>
<tr><td>nędzę,</td><td>nie</td><td>miał</td><td>nic</td><td>więcej</td><td>prócz</td><td>swojego</td></tr>
<tr><td>poverty</td><td>not</td><td>(he) had</td><td>nothing</td><td>more</td><td>apart</td><td>(from) his</td></tr>
</table>

<table>
<tr><td>młyna</td><td>i</td><td>wielkiej</td><td>jabłoni</td><td>za</td><td>nim.</td></tr>
<tr><td>mill</td><td>and</td><td>(a) large</td><td>apple tree</td><td>behind</td><td>it</td></tr>
</table>

<table>
<tr><td>Razu</td><td>pewnego</td><td>poszedł</td><td>do</td><td>lasu</td><td>po</td><td>drewno,</td></tr>
<tr><td>By time</td><td>some</td><td>(he) went</td><td>to</td><td>(the) forest</td><td>for</td><td>wood</td></tr>
<tr><td>Once</td><td></td><td></td><td></td><td></td><td></td><td></td></tr>
</table>

<table>
<tr><td>podszedł</td><td>wtedy</td><td>do</td><td>niego</td><td>pewien</td><td>stary</td><td>mężczyzna,</td></tr>
<tr><td>came up</td><td>then</td><td>to</td><td>him</td><td>an</td><td>old</td><td>man</td></tr>
</table>

<table>
<tr><td>którego</td><td>jeszcze</td><td>nigdy</td><td>nie</td><td>widział,</td><td>i</td><td>rzekł:</td><td>"Co</td></tr>
<tr><td>who</td><td>still</td><td>never</td><td>not</td><td>(he) saw</td><td>and</td><td>said</td><td>What</td></tr>
<tr><td></td><td></td><td></td><td></td><td></td><td></td><td></td><td>(Why)</td></tr>
</table>

się tak męczysz rąbaniem drwa, uczynię cię
yourself so get wearied chopping wood (I) will make you

bogatym, jeśli obiecasz mi to, co stoi za
rich if (you) promise me that what stands behind

młynem."
(the) mill

"Cóże to może być innego, jeśli nie moja
Whatever that may be else if not my
{Cóż rhyming}

jabłoń?" pomyślał młynarz i rzekł "tak," i
apple tree thought (the) miller and answered yes and

zapisał ją obcemu. Ten jednak szyderczo się
wrote it (to the) stranger This one sneeringly himself

zaśmiał i rzekł: "za trzy lata przyjdę po to,
smiled and said after three years (I) will come for that

co moje" i odszedł. Gdy młynarz wrócił do
what (is) mine and (he) left When (the) miller returned to

domu, wyszła mu naprzeciw żona i rzekła:
(his) house came out to him towards (his) wife and said

"Powiedz mi młynarzu, skąd tak nagle bogactwo
Tell me miller how so suddenly wealth

zawitało w naszym domu? Naraz wszelkie skrzynie
came in our house At once all chests

i kufry są pełne, żaden człek niczego ni
and trunks are full no man nothing not

przyniósł i nie wiem, co się stało. On zaś
brought and not (I) know what itself became happened He then

powiedział: "pochodzi to od obcego człowieka,
answered comes that from (a) foreign man

który spotkał mnie w lesie i obiecał wielkie
who met me in (the) forest and promised great

skarby, w zamian obiecałem mu to, co stoi
treasures in return (I) promised him that what stands

za młynem – tę wielką jabłoń spokojnie
behind (the) mill that large apple tree calmly (safely)

możemy mu oddać."
(we) can him (it) give away

"Ach, mężu," rzekła wystraszona żona, "to był
Ah husband said (the) frightened wife that was

diabeł i nie myślał wcale o jabłoni,
(the) devil and not (he) thought (at) all about (the) apple tree

lecz o naszej córce, która stała za młynem
but about our daughter who stood behind (the) mill

i zamiatała podwórze."
and swept (was sweeping) (the) yard

Córka młynarza była piękną i pobożną
(The) daughter (of the) miller was (a) beautiful and godly (pious)

dzieweczką, przeżyła te trzy lata bogobojnie i
girl (who) lived these three years god-fearing and

bez grzechu. Gdy minął już czas i
without sin When (had) passed now (the) time and

nadszedł dzień, gdy Zły miał po nią
arrived (the) day when (the) Evil (One) had for her

przyjść, umyła się do czysta i zrobiła
to come (she) washed herself -to- clean and made

kredą okrąg wokół siebie. Diabeł pojawił
(with) chalk (a) circle around herself (The) Devil appeared

się wcześnie, ale nie mógł zbliżyć się do
-himself- early but not could approach himself to

niej. Gniewnie rzekł do młynarza: "Zabierz całą
her Angrly (he) said to (the) miller Take away all

wodę, żeby nie mogła się myć, inaczej nie
water so that not (she) can herself wash otherwise not

będę miał mocy nad nią."
(I) will have power over her

Młynarz bał się i zrobił to. Następnego dnia
(The) miller scared himself and did it (The) next day
was afraid

diabeł zjawił się znowu, lecz ona płakała na
(the) devil appeared -himself- again but she cried on

swoje ręce, że były nieskazitelnie czyste. I znów
her hands so were spotlessly clean And again

nie mógł zbliżyć się do niej i rzekł
not (he) could approach himself to her and said

wściekły do młynarza; "odrąb jej ręce, inaczej
furiously to (the) miller cut off her hands otherwise

nic nie mogę z nią uczynić."
nothing not (I) can with her do

Młynarz przeraził się i odpowiedział: "Jakże
(The) miller horrified himself and answered How
was horrified

mógłbym własnemu dziecku odrąbać ręce?"
could (I) my own child cut off (the) hands

Zły zaczął tedy mu grozić i rzekł:
(The) Evil (One) began therefore him to threaten and said

"Jeśli nic nie zrobisz, będziesz mój i przyjdę
If nothing not (you) do (you) will be mine and (I) will come

po ciebie."
for you

Ojcu zrobiło się strasznie i obiecał, że
(The) father did himself terrible and promised that
felt himself

go usłucha. Poszedł więc do dziewczyny i
him (he) listen (He) went so to (the) girl and
(he would obey)

rzekł: "Drogie dziecko, jeśli nie odrąbię tobie obu
said Dear child if not (I) cut off you both

rąk, uprowadzi mnie diabeł. W strachu mu
arms takes away me (the) devil In fear him

obiecałem, że to zrobię. Pomóż mi w biedzie i
(I) promised that it (I) do Help me in poverty and

wybacz mi zło, które tobie czynię."
forgive me (the) evil which to you (I) do

Ona zaś odpowiedziała: "Drogi ojcze, róbcie,
She thereafter replied Dear father do

co chcecie, jestem waszym dzieckiem."
what (you) want (I) am your child

Wyciągnęła potem oboje rąk i dała je sobie
(She) pulled out then both hands and gave them self
(let)

odrąbać. Diabeł przybył po raz trzeci, lecz ona
to cut off (The) devil came for time three but she

płakała tak długo na swe kikuty, że mimo
cried so long on her stumps that despite

wszystko	były	nieskazitelnie	czyste.	Musiał
all	(they) were	spotlessly	clean	Must

tedy	ustąpić	straciwszy	do	niej	wszelkie	prawa.
therefore	give up	for lost	to	her	every	right

Młynarz	zaś	rzekł	do	niej:	"Zyskałem	przez
(The) miller	thereafter	said	to	her	(I) have gained	through (because of)

ciebie	tak	wiele	dóbr,	do	końca	życia	nie
you	so	many	goods	to	(the) end	(of) life	not

zabraknie	ci	niczego."
(I) will run out of	these	nothing

Lecz	ona	odpowiedziała:	"Nie	mogę	tu	zostać,
But	she	answered	Not	(I) can	here	stay

odejdę,	dobrzy	ludzie	dadzą	mi	tyle,	ile
(I) will leave	good	people	will give	me	as much	how much (as)

będzie	mi	trzeba."
will	to me	(be) needed

Kazała	sobie	potem	związać	na	plecach	okaleczone
(She) let	herself	then	tie	on	(the) back	(her) mutilated

ramiona	i	wraz	ze	wschodem	słońca
arms	and	together	with	(the) rise	(of the) sun

wyruszyła	w	drogę,	a	szła	cały	dzień,	aż
(she) set off	in	(the) road	and	walked	all	day	until
	(on)						

nastała	noc.	Doszła	właśnie	do	królewskiego
started	(the) night	(She) arrived	just	at	(the) royal

ogrodu	i	w	blasku	księżyca	ujrzała,	że	stoją
garden	and	in	(the) shine	(of the) moon	(she) saw	that	stand

tam	drzewa	pełne	pięknego	owocu,	nie	mogła
there	trees	full	(of) beautiful	fruit	not	could

jednak	tam	wejść,	bo	wokół	stała	woda.	A
however	there	go in	because	around	stood	water	And
					(was)		

że	szła	cały	dzień	i	nie	skosztowała	ni
since	(she) went	all	day	and	not	tasted	not

kęsa,	że	głód	ją	dręczył,	pomyślała	sobie:
(a) bite	that	hunger	her	tormented	(she) thought	(by) herself

"Ach,	gdybym	w	nim	była,	zjadłabym	troszkę	z
Ah	if I would	in	it	were	(I) would eat	(a) little	of

tych owoców, inaczej przyjdzie mi sczeznąć."
these fruits otherwise will come me to wither
{arch: to die}

Uklękła, zawołała do Boga i modliła się.
(She) knelt called to God and prayed -herself-

Naraz przybył anioł, zamknął śluzę w wodzie,
At once arrived (an) angel closed (the) sluice in (the) water

także rów wysechł. Weszła więc do ogrodu,
so that (the) ditch dried out (She) came so (in)to (the) garden

anioł poszedł z nią. Ujrzała drzewo z
(the) angel went with her (She) saw (a) tree with

owocami, a były to piękne gruszki, wszystkie były
fruits and were it beautiful pears all were

jednak policzone. Podeszła do niego i
however numbered (She) went to it and

ustami zjadła jeden z owoców drzewa,
(with the) mouth ate one of (the) fruits (of the) tree

tyle by zaspokoić głód, więcej nie.
as much as would quiet (the) hunger more not

Widział to ogrodnik, a że stał przy tym
Saw this (the) gardener and as stood before there

anioł, bał się i myślał, że dziewczyna to
(an) angel scared himself and thought that (the) girl this
(he) was afraid

duch, milczał więc i nie ważył się
(was a) ghost kept silenced so and not dared himself

krzyczeć, czy też porozmawiać z duchem. Gdy
to shout or also talk with (the) ghost When

zjadła gruszkę, była syta, odeszła i schowała
(she) ate (the) pear (she) was sated went out and hid

się w krzakach. Król, do którego należał
herself in (the) bushes (The) King to whom belonged

ogród, przybył następnego ranka, policzył
(the) garden arrived (the) following morning counted

owoce i ujrzał, że jednej gruszki brakuje,
(the) fruit and saw that one (of the) pears misses
(was missing)

zapytał więc ogrodnika, gdzie się podziała, nie
asked so (the) gardener where himself (she) went not

ma jej pod drzewem i gdzieś przepadła.
has her under (the) tree and somewhere was lost

Odpowiedział więc ogrodnik: "Poprzedniej nocy
Answered so (the) gardener Previous night

przybył duch, nie miał rąk i jadł samymi
came (the) ghost not (he) had hands and (he) ate only

ustami."
(with the) mouth

Król zapytał: "Jak duch przeszedł przez
(The) King asked How (the) ghost passed through

wodę? Gdzie poszedł, zjadłszy gruszkę?"
(the) water Where did (he) go eating (a) pear

Ogrodnik odpowiedział: "Przybył ktoś z
(The) gardener answered Arrived someone from

nieba w śnieżnobiałym odzieniu, zamknął śluzę
heaven in snow-white clothing closed (the) sluice

i zatrzymał wodę, by duch mógł przejść
and stopped (the) water so that (the) ghost could cross

przez row. A że musiał to być anioł,
through (the) ditch And since must this be (an) angel

wystraszyłem się, nie pytałem i nie wołałem.
got scared (I) myself not asked (I) and not called out

Gdy duch zjadł gruszkę, odszedł."
When (the) ghost ate (the) pear (he) went out

Król zaś rzekł: "Jeśli sprawa ma się tak,
(The) King thereafter said If (the) case has itself so

jak mówisz, będę czuwał tej nocy wraz z
as (you) say (I) will watch this night together with

tobą."
you

Gdy zrobiło się ciemno, do ogrodu przyszedł
When (it) made itself dark to (the) garden arrived
(it) became

król, a zabrał ze sobą księdza, by ten
(the) king and took with himself (a) priest would this
so that he

porozmawiał z duchem. Wszyscy trzej siedzieli
talked with (the) ghost All three sat

pod drzewem i mieli się na baczności.
under (the) tree and (they) had themselves on guard

O północy z krzaków wyszła dziewczyna,
About midnight from (the) bushes came out (a) girl

podeszła do drzewa i znów samymi ustami
came up to (the) tree and again only (with the) mouth

zjadła jedną gruszkę. Koło niej stał anioł w
ate one pear Around her stood (the) angel in

białym odzieniu. Wyszedł tedy ksiądz i rzekł:
white clothing Came out then (the) priest and said

"Pochodzisz od Boga, czy z tego świata? Jesteś
Did (you) come from God or from this world Are (you)

duchem, czy człowiekiem?"
(a) ghost or (a) person

Ona zaś odpowiedziała: "Nie jestem duchem,
She therefore answered Not (I) am (a) ghost

lecz biednym człowiekiem, opuszczonym przez
but (a) poor person abandoned before

wszystkich, jeno nie przez Boga."
all but not by God

Król rzekł więc: "Jeśli opuścił cię cały
(The) King said then If left you (the) whole

świat, to ja cię nie opuszczę."
world then I you not will leave

Zabrał ją na królewski zamek, a że była
(He) took her to (the) royal castle and since (she) was

piękna i pobożna, pokochał ją z całego
beautiful and godly (he) loved her with (his) whole

serca, kazał jej zrobić ręce ze srebra i wziął ją
heart let her make hands of silver and took her

za żonę.
for wife

Po paru latach król musiał wyruszyć w
After (a) few years (the) king had to go out in

pole, polecił więc królową swojej matce i
(the) field recommended then (the) queen his mother and

rzekł: "Kiedy dojdzie do połogu, baczcie na nią i
said When (it) arrives to childbirth take heed on her and

troszczcie się o nią, od razu napiszcie mi
take care yourself over her at once write me

o tym w liście."
about this in (a) letter

I tak urodziła pięknego syna. Stara matka
And so (she) gave birth to (a) beautiful son (The) old mother

napisała o tym pospiesznie donosząc o
wrote about it hastily announcing about

wesołej nowinie, lecz posłaniec w drodze
(the) joyful news but (the) messenger in (on) (the) road

stanął przy strumieniu na spoczynek, strudzony
stopped before (a) stream to rest tired of

daleką drogą i zasnął. Przyszedł wtedy diabeł,
(the) long road and fell asleep Came then (the) devil

który od zawsze nosił w zamyśle, jakby tu
who from always still carried in intention as would (to) here

królowej	zaszkodzić	i	zamienił	list	na
(the) queen	to harm	and	exchanged	(the) letter	for

inny,	a	stało	w	nim,	że	królowa	powiła
(an) other	and	stood	in	it	that	(the) queen	gave birth to

bachora.	Gdy	król	czytał	list,
(an) illegitimate child {archaic}	When	(the) king	read	(the) letter

wystraszył	się	i	bardzo	się	zachmurzył,
(he) upset	-himself-	and	very much	himself	became somber

napisał	jednak	w	swej	odpowiedzi,	by	dbali
wrote	however	in	his	reply	would (that)	(they) care

o	nią	i	troszczyli	się	aż	do	jego
about	her	and	take care	themselves	until	to	his

powrotu.	Posłaniec	znów	wyruszył	z	listem,
return	(The) messenger	again	went off	with	(the) letter

odpoczął	w	tym	samym	miejscu	i	znów	zasnął.
rested	in	this	same	place	and	again	fell asleep

I	wtedy	przyszedł	diabeł,	włożył	mu	do	torby
In	then	came	(the) devil	put	him	(in)to	(the) bag

inny list, a stało w nim, by zabito królową
another letter and stood in it would (that they) kill (the) queen

wraz z dzieciątkiem. Stara matka bardzo
at once with (the) child (The) old mother very much

się wystraszyła, gdy dostała ten list, bo
herself got very upset when (she) received this letter because

nie mogła w to uwierzyć i znów napisała do
not (she) could in it believe and again (she) wrote to

króla, lecz i tym razem nie dostała innej
(the) king but in this time not received another

odpowiedzi, bo diabeł za każdym razem
reply because (the) devil after each time

podsuwał posłańcowi sfałszowany lis, w ostatnim
gave (the) messenger (a) false letter in (the) last

stało jeszcze, by na znak wyrwano królowej
stood still would (that they) for sign as proof tore out (the) queen's

oczy i język.
eyes and tongue

Królowa	płakała	nad	krwią,	która	niewinnie
(The) queen	cried	over	(the) blood	which	innocent

miała	się	przelać,	w	nocy	kazała
(she) had	herself	to pour (to spill)	in	(the) night	(she) ordered

przyprowadzić	łanię,	wycięła	jej	język	i
to bring	(a dead) fawn	cut out	her	tongue	and

oczy,	po	czym	je	schowała.	Rzekła	potem	do
eyes	after	which	them	(she) hid	(She) said	then	to

królowej:	"Nie	pozwolę	cię	zabić,	jak	rozkazał
(the) queen	Not	(I) will let	you	be killed	as	commanded

król,	ale	dłużej	nie	możesz	tu	zostać.	Idź	z
(the) king	but	longer	not	(you) can	here	stay	Go	with

dzieciątkiem	w	daleki	świat	i	więcej	nie
(the) child	in	(a) distant	world	and	(any)more	not

wracaj."
return

Przywiązała	jej	dziecię	na	plecach	i	biedna
(She) tied	her	child	on	(the) back	and	(the) poor

kobieta	musiała	odejść	z	zapłakanymi	oczyma.
woman	had to	walk away	with	crying	eyes

Doszła	do	wielkiego	dzikiego	lasu,	usiadła	na
(She) arrived	to	(a) big	wild	forest	sat	on

kolanach	i	modliła	do	Boga,	a	Anioł	Pański
(her) knees	and	prayed	to	God	and	Angel	(of the) Lord

się	ukazał	i	zaprowadził	ją	do	małego
himself	showed appeared	and	led	her	to	(a) small

domku,	a	była	tam	tabliczka	z	tymi
little house	and	was	there	(a) little tablet (a sign)	with	these

słowami:	"Każdy	kto	tu	mieszka,	jest	wolny."
words	Each Everyone	who	here	stays	is	free

Z	domku	wyszła	śnieżnobiała	kobieta,	która
From	(the) little house	exited	(a) snow-white	woman	who

rzekła:	"Witam,	wasza	królewska	mość."	I
said	Hello	your	royal	Majesty	And

wprowadziła	ją	do	środka.	Odwiązała	jej	z
(she) introduced	her	to	inside	(She) untied	her	from

pleców chłopczyka i przytrzymała go przy jej
(the) back (the) little boy and held him by her

piersi, by się napił, potem położyła go w
breast so that himself (he) drank then laid him in

pięknym łóżeczku. Biedna kobieta rzekła wtedy:
(a) beautiful little bed (The) poor woman said then

"Skąd wiesz, że byłam królową?"
From where (you) know that (I) was (a) queen

Biała dziewica odrzekła: "Jestem aniołem
(The) white maiden answered (I) am (an) angel

posłanym od Boga, by troszczyć się o ciebie
sent from (by) God to look after myself about you

i twoje dziecię."
and your child

I tak pozostała w tym domu przez siedem lat,
And so (she) remained in this house for seven years

była zadbana, a przez Bożą łaskę i jej
was well cared for and thanks to God's grace and her

pobożność odrosły jej odrąbane ręce.
piety grew (back) her cut off hands

Król wrócił w końcu z pola do domu,
(The) king returned in (the) end from (the) field -to- home

a pierwsze, co chciał zobaczyć, to jego
and (the) first that (he) wanted to see that (was) his

żona z dzieciątkiem. Stara matka zaczęła wtedy
wife with child (The) old mother started then

płakać i rzekła: "Ty, zły człowieku, coś ty mi
to cry and said You evil man what you me

napisał, że mam pozbawić życia dwie niewinne
wrote that (I) have to deprive (the) life (of) two innocent

dusze!" i pokazała mu obydwa listy, które
souls and showed him both letters which

sfałszował Zły, a potem mówiła dalej
falsified (the) Evil (one) and then talked further
continued

"Zrobiłam, co rozkazałeś" i na znak pokazała
(I) did what (you) ordered and for sign showed
as proof

mu język i oczy.
him (the) tongue and eyes

A wtedy król zapłakał bardziej gorzko niż ona
And then (the) king cried more bitterly than she

nad swoją biedną żoną i syneczkiem, tak że
over his poor wife and little son so that

zlitowała się stara matka i rzekła doń: "Ciesz
took pity herself (the) old mother and said to him Rejoice

się, żyje jeszcze. Kazałam potajemnie
yourself (they) live still (I) let secretly

zarżnął łanię i to od niej pochodzą te
slaughtered (a) fawn and then from her come these

znaki, twojej żonie uwiązałam dziecko na
signs (proofs) your wife (I) tied (the) child on

plecach i kazałam odejść w daleki świat i
(the) shoulders and let go in (the) far world and

musiała obiecać, że nigdy nie wróci do domu,
(she) must promise that never -not- return -to- home

bo	tak	wielki	gniew	twój	nad	nią	ciąży."
because	so	great	(is) anger	yours	over	her	pregnancy

Król	rzekł	tedy:	"Pójdę,	jak	daleko	sięga
(The) king	said	then	(I) go	as	far	(as) reaches

błękitne	niebo,	nie	będę	jadł	ani	pił,	aż	znajdę
(the) blue	sky	not	will	eat	or	drink	until	(I) find

moją	drogą	żonę	i	dziecko,	jeśli	w	tym	czasie
my	dear	wife	and	child	if	in	this	time

nie	zginęli	i	nie	pomarli	z	głodu."
not	(they) perished	and	not	died	of	hunger

Potem	król	wyruszył	w	drogę,	całe	siedem
Then	(the) king	set off	in (on)	(the) road	(a) whole	seven

lat,	szukał	we	wszelkich	załomach	skalnych	i
years	searched	in	all	tunnels	(of) rocks	and

jaskiniach,	ale	jej	nie	znalazł	i	myślał	sobie,
caves	but	her	not	(he) found	and	thought	by himself

że	musiała	sczeznąć.	Nie	jadł	i	nie	pił
that	(she) must	to vanish (have vanished)	Not	(he) ate	and	not	(he) drank

przez	cały	ten	czas,	lecz	Bóg	go	zachował.	W
for	all	this	time	but	God	him	preserved	In
							(kept alive)	

końcu	doszedł	do	wielkiego	lasu	i	znalazł	w
(the) end	(he) arrived	to	(a) great	forest	and	found	in
		(at)					

nim	mały	domek,	na	nim	tabliczkę:	"Każdy,	kto
it	(a) small	little house	on	it	(a) little sign	Everyone	who

tu	mieszka,	jest	wolny."
here	lives	is	free

I	wtedy	wyszła	biała	dziewica,	wzięła	go	za
And	then	came out	(the) white	maiden	took	him	by

rękę	i	zaprowadziła	do	środka	mówiąc:
(the) hand	and	led	to	inside	saying

"Witajcie,	wasza	królewska	mość,"	i	zapytała
Hello	your	royal	Majesty	and	asked
{formal}					

skąd	przychodzi.	Odpowiedział:	"Chodziłem
from where	(he) came	(He) answered	(I) walked

po	świecie	prawie	siedem	lat,	szukam	mojej
through	(the) world	almost	seven	years	(I) search	my

żony z dziecięciem, lecz nie mogę jej znaleźć."
wife with (and) child but not (I) can her find

Anioł chciał mu dać jeść i pić, ale on
(The) angel wanted him to give food and drink but he

niczego nie przyjął, chciał jeno troszkę
nothing -not- accepted (he) wanted only {archaic} (a) little

wypocząć. Położył się do snu, a na twarz
to relax (He) lay himself to sleep and on (the) face

położył chustę.
laid (a) scarf

Potem anioł wszedł do izby, gdzie siedziała
Then (the) angel went in to (the) room where sat

królowa ze swoim synem, którego zwała
(the) queen with her son who (she) called

zwykle PełenMęki, i rzekła do niej "Wyjdź ze
usually PelenMenki and said to her Go away with

swoim dzieckiem, twój mąż przyszedł."
your child your husband arrived

Wyszła	więc,	gdzie	leżał,	a	chusta	spadła	mu
(She) left	so	where	(he) lay	and	(the) scarf	fell	him

z	twarzy.	Rzekła	wtedy	"PełenMęki,	podnieś
from	(the) face	(She) said	then	PelenMenki	pick up

chustę	ojca	i	przykryj	nią	z	powrotem
(the) scarf	(of) father	and	cover	him	with	return

jego	twarz."
his	face

Dziecko	podniosło	ją	i	przykryło	jego	twarz.
(The) child	picked up	her (it)	and	covered	his	face

Przez	sen	usłyszał	to	król	i	z
Through	(the) dream	heard	this	(the) king	and	with

radością	jeszcze	raz	upuścił	chustę.	Chłopczyk
joy	another	time	dropped	(the) scarf	(The) little boy

stracił	cierpliwość	i	rzekł:	"Droga	matko,	jak
lost	(his) patience	and	said	Dear	mother	how

mam	przykryć	ojcu	twarz,	nie	mam	ojca	na
(I) have	to cover	father's	face	not	(I) have	(a) father	on

tym świecie. Nauczyłem się modlitwy - Ojcze
this world (I) taught myself (in) prayer Father

nasz, któryś jest w niebie. Zawsze mawiałaś, że
our who is in heaven Always saying that

mój ojciec jest w niebie, że to dobry Bóg.
my father is in heaven that it (is) (the) good God

Jakże mam znać tego dzikiego człeka? To nie
How (I) have to know this wild man This (is) not

mój ojciec!"
my father

Gdy król to usłyszał, spytał ją, kim jest.
When (the) king this heard (he) asked her who (she) is

Rzekła więc: "jestem twoją żoną, a to twój
(She) said so (I) am your wife and this (is) your

syn PełenMęki."
son PelenMenki

A on ujrzał jej żywe ręce i rzekł: "Moja żona
And he saw her living hands and said My wife

miała ręce ze srebra."
had hands of silver

Odpowiedziała więc: "Dobry Bóg pozwolił
(She) answered so Good God allowed

odrosnąć moim prawdziwym rękom."
to grow (back) my real hands

A anioł poszedł do izby, przyniósł
And (the) angel went (in)to (the) room brought

ręce ze srebra i pokazał mu. Dopiero wtedy
(the) hands of silver and showed him Only then

był pewien, że to jego droga żona i
(he) was sure that this (was) his dear wife and

jego kochane dziecko, ucałował ją, był radosny i
his beloved child (he) kissed her was joyous and

rzekł: "Ciężki kamień spadł mi z serca."
said (A) heavy stone fell me from (the) heart

Anioł Pański jeszcze raz ich nakarmił, a
(The) angel (of the) Lord another time them fed and

potem poszli do domu do jego starej matki.
then (they) went -to- home to his old mother

Wielka radość była wszędzie, król i królowa
Great joy was everywhere (the) king and (the) queen

znowu świętowali wesele i żyli w szczęściu aż
again celebrated marriage and lived in happiness until

do błogiego końca.
to (the) blissful end

www.ingramcontent.com/pod-product-compliance
Lightning Source LLC
LaVergne TN
LVHW011332080426
835513LV00006B/304